Felicità:

Il percorso scientifico per raggiungere il benessere

Vincenzo Berghella

Translation by G. Anna Di Gabriele

Copyright Page

Copyright year: 2015

Copyright notice: by Vincenzo Berghella

ISBN No: 978-0-578-15513-5

Dello stesso autore:

Testi scientifici
- **Obstetric Evidence Based Guidelines.**
Informa Healthcare, London, UK, and New York, USA (2007) [English]
- **Maternal Fetal Evidence Based Guidelines.**
Informa Healthcare, London, UK, and New York, USA (2007) [English]
- **Preterm Birth: Prevention and Management.**
Wiley-Blackwell. Oxford, United Kingdom. (2010) [English]
- **Obstetric Evidence Based Guidelines.**
Informa Healthcare, London, UK, and New York, USA (2012; Second Edition) [English]
- **Maternal Fetal Evidence Based Guidelines.**
Informa Healthcare, London, UK, and New York, USA (2012; Second Edition) [English]

Saggistica e Biografici
- **Quello che di voi vive in me.** (2009) [Italiano]
- **Dall'altra parte dell'oceano.** (2010) [Italiano]
[Translated in: **On the other side of the ocean.** (2013) [English]
- **From father to son.** (2010) [English]
- **Happiness: the scientific path to achieving wellbeing.** (2014) [English]

Narrativa
- **Il primo amore non si scorda mai.** (2012) [Italiano]

Viaggi
- **The land of religions.** (2011) [English]
[Translated in: **La terra delle religioni.** (2013) [Italiano]
- **Giramondo.** (2011) [Italiano]
- **Trip to London.** (2012) [English]
- **Maldives.** (2013) [English]
- **Russia.** (2013) [English]
- **New Zealand: 100% Pure.** (2014) [English]

Vari
- **Laughter, the best medicine. Jokes for everyone.** (2007) [English]

- **Ridere, la migliore medicina. Barzellette per bambini.** (2007) [Italiano]
- **My favorite quotes.** (2009) [English]
- **In medio stat virtus – Citazioni d'autore.** (2009) [Italiano]
- **Sollazzi.** (2010) [Italiano]

Indice

La felicità non è qualcosa che accade alle persone per caso, ma è qualcosa che loro stessi creano.

Mikaly Csikszentmihalyi

Introduzione

"La felicità è il senso e lo scopo della vita, il principio e il fine dell'esistenza umana".[1]

Aristotele

Uno dei momenti più belli nella mia vita è stato il 18 ottobre 2012. Mentre stavamo parlando al telefono, mio padre mi disse che ero stato nella mia vita meglio di lui. Elencò le mie qualità, le mie positive relazioni sociali nella sfera privata e in quella lavorativa, il fatto che avessi perseguito i miei sogni personali e li avessi realizzati, e nel frattempo avessi aiutato gli altri intorno a me a vivere una vita migliore.

La maggioranza delle persone al mondo dichiara che uno dei più importanti obiettivi nella vita, se non il più importante, è essere felice.[2,3] La felicità rappresenta lo scopo ultimo della vita e la misura più vera del proprio benessere.[4] Le persone cercano la felicità per se stessi e ancora di più per i loro figli, se li hanno. Se non vuoi essere felice, questo è il momento giusto per cambiare libro.

Come ha detto lo scienziato Daniel Kahneman, vincitore del premio Nobel, la gente di solito non conosce ciò che la può rendere felice.[5] Per esempio, si trasferisce in luoghi caldi, inconsapevole del fatto che il clima non influenza molto la loro felicità. Si compra una fantastica macchina nuova pensando che il loro umore migliorerà, per poi abituarvisi di lì a poche settimane dopo e subito veder svanire la soddisfazione dell'acquisto.

C'è tantissima ricerca riguardo le attività più efficaci a renderci felici, perciò vorrei trattare il raggiungimento della felicità da un punto di vista scientifico. Anche se questo non è un libro prettamente scientifico, tuttavia tutto quello che scrivo è basato su dati scientifici riguardo ciò che ci rende felici. Come dottore, ho imparato che l'approccio scientifico che usiamo in medicina può essere applicato alla vita di tutti i giorni, per decidere la migliore linea di azione per quasi tutte le nostre scelte.

Per esempio, ci sono tante riviste scientifiche dedicate esclusivamente alla pubblicazione di studi sulla felicità, tra le altre il *Journal of Happiness Studies*, il *Journal of Happiness and Well-Being*, *The International Journal of Happiness and Development*, e il *Journal of Positive Psychology*. Ho esaminato anche studi delle migliori riviste scientifiche del mondo come il *Lancet*, e mi sono focalizzato in particolar modo su quelli randomizzati, che forniscono i dati scientifici più attendibili.

Inoltre, ho fatto delle ricerche su questo argomento leggendo diversi libri recenti sulla felicità,[6-11] e relazioni scientifiche internazionali.[12] Lo scopo di questo libro è di esaminare i successi nella ricerca sulla felicità, presentando gli articoli come un facile libro di ricette, una guida chiara da seguire scrupolosamente per raggiungere la felicità. È possibile allenare la mente così come il corpo. È possibile allenare la mente ad essere felici. Ciò richiede semplicemente due azioni. Primo, conoscere ciò che ci rende felici. Secondo, mettere in pratica volontariamente, ripetutamente e quotidianamente i comportamenti che ci rendono felici.

Non tutti definiscono la felicità allo stesso modo. E non tutti raggiungono la felicità nello stesso modo. Probabilmente non c'è un significato assoluto, unico, per la felicità: la felicità è relativa alla persona che ne fa esperienza. Il benessere, parola che molti usano come sinonimo di felicità, è in qualche modo soggettivo e tutti lo raggiungiamo in modo un po' diverso. Il miglior giudice di quanto siate felici siete voi stessi.[13]

Perciò devi essere esigente nell'esaminare questa lunga lista di provate opportunità. Il diritto a perseguire la felicità non significa che ogni percorso sia simile. Dipende dai tuoi valori, interessi e bisogni personali. Infatti, uno stato che imponesse a tutti impegno nei servizi alla comunità e l'andare in chiesa potrebbe essere controproducente. Ognuno di noi è diverso, e deve trovare ciò che funziona meglio per se stessa o se stesso.[14]

D'altro canto, come vedrete leggendo questo libro, la scienza ha scoperto molte attività che possiamo mettere in pratica nella nostra vita per migliorare il nostro benessere. Come avrete probabilmente notato nella vostra vita, ed è stato detto da famosi ricercatori sulla felicità, "le persone felici si somigliano tutte".[15]

Non mi occuperò, di proposito, della depressione e di umori ed emozioni negativi, dal momento che questi sono stati studiati e analizzati tante volte in passato. Esaminerò invece le testimonianze scientifiche sugli stati d'animo positivi. Naturalmente, tutti i benefici positivi della felicità possono essere anche visti guardando all'altro lato della medaglia, alla luce dei danni dell'infelicità, della depressione e dell'ansia, ma il trucco è guardare al bicchiere mezzo pieno, per generare emozioni positive. Come in medicina, per il benessere il miglior approccio è lavorare sulla prevenzione, non sul trattamento della malattia.

Breve storia della ricerca della felicità

"La costituzione garantisce al popolo americano solo il diritto di perseguire la felicità. Tu devi essere in grado di coglierla".

Benjamin Franklin

Molte sono le radici filosofiche, religiose, etiche e politiche da cui sono derivati i moderni studi sulla felicità. Vale la pena passare in rassegna una lista selezionata di queste origini della felicità, per apprezzare il fatto che molto di quel che sappiamo essere vero oggi ha delle antiche fondamenta, e rendersi conto anche che gli sviluppi attuali non solo hanno confermato, ma ampiamente esteso la saggezza antica.

Il filosofo greco Aristotele è ancora uno dei più citati autori sulla felicità. Nell'*Etica Nicomachea*, scritta nel 350 a.C., affermò che la felicità è l'unica cosa che gli esseri umani desiderano per se stessa, diversamente da denaro, fama, salute, o amicizia. Osservò che gli uomini cercano denaro, o fama, o salute, non soltanto intrinsecamente ma anche per essere felici, che significa benessere, stare bene, far bene.

Eudamonia è una parola del greco classico (εὐδαιμονία) comunemente tradotta come 'felicità'. Etimologicamente, comprende la parola *eu* ('bene' o 'ben-essere') e *daimon* ('spirito,' o 'dio minore' usato per indicare in senso lato i propri beni o la propria fortuna). Per Aristotele, Eudaimonia è un'attività piuttosto che un'emozione o uno stato d'essere.

La felicità è caratteristica di una buona vita, cioè una vita in cui la persona realizza la sua natura umana in modo eccellente. La gente ha una serie di propositi che sono tipicamente umani: questi appartengono alla nostra natura. La persona felice è virtuosa, nel senso che ha abilità rilevanti e tendenze emotive che le permettono di completare i nostri fini comuni. Per Aristotele, allora, la felicità è "l'attività virtuosa dell'anima consona alla ragione". La felicità è la pratica della virtù. Dopo di lui, praticamente tutti i filosofi e i pensatori religiosi hanno definito la felicità in termini di vivere una buona vita, attiva, piuttosto che semplicemente di percepire un'emozione.

Anche circa 2300 anni fa, il pensatore cinese confuciano Mencius era convinto che la mente giocava un ruolo da mediatore tra l' 'io inferiore' (l'io fisiologico) e il l' 'io superiore' (l'io morale), e il fatto di ottenere le priorità giuste tra questi due guiderebbe alla saggezza. Egli sostenne che se noi non percepiamo soddisfazione o appagamento dal nutrire la nostra 'forza vitale' con 'opere giuste,' questa forza avvizzisce.[16] In modo più specifico, egli ricordò l'esperienza di gioia inebriante che si prova quando si celebra la pratica delle grandi virtù.[17]

La felicità forma un tema centrale negli insegnamenti buddisti. Per la massima libertà dalla sofferenza, il Nobile Ottuplice Sentiero porta il praticante al Nirvana, uno stato di pace eterna. La massima felicità è raggiunta soltanto superando i desideri in tutte le forme. Altre forme di felicità, come il mantenere buone amicizie, sono riconosciute come validi obiettivi. Il buddismo ci incoraggia anche a generare gentilezza amorevole e compassione, nel desiderio per la felicità e il benessere di tutte le creature.[18]

Nel cattolicesimo, il massimo fine dell'esistenza umana consiste nella 'beatitudo' (l'equivalente latino della parola greca *eudaimonia*), o 'felicità benedetta', descritta dal filosofo-teologo Tommaso D'Aquino come la ricerca di giuste cause per le nostre azioni, come comportamenti consoni alla virtù.[19]

Il pensatore sufico musulmano Al-Ghazali (1058-1111) scrisse l' *Alchimia della felicità*, un manuale d'istruzione spirituale ampiamente praticato oggi nel mondo musulmano. Il pensatore indù Patanjali, autore dello *Yoga Sutras*, scrisse esaurientemente sulle radici ontologiche e psicologiche della beatitudine.[20]

Molti studiosi di etica hanno discusso su come gli esseri umani dovrebbero comportarsi, sia individualmente che collettivamente, basandosi sulla felicità che risulta da tali comportamenti. Gli utilitaristi, come John Stuart Mill e Jeremy Bentham, hanno sostenuto che il raggiungimento della massima felicità è la guida per un comportamento etico.

In politica, la costituzione francese, il 24 giugno 1793, dichiarò: "Le but de la societé est le bonheur commun". Ciò significa: "Lo scopo della società è la felicità generale".[21] Questa è stata una delle prime affermazioni politiche riguardanti la felicità, ed è basata sul lavoro di molti teorici, tra cui Cesare Beccaria, Claude-Adrien Helvetius e Francis Hutcheson.[22]

Thomas Jefferson, più tardi famoso presidente statunitense, aggiunse 'la ricerca della felicità' alla Dichiarazione d'Indipendenza americana: "Noi riteniamo queste verità di per se stesse evidenti, che tutti gli uomini sono creati uguali, che essi sono dotati dal loro Creatore di alcuni diritti inalienabili, fra questi la Vita, la Libertà e la Ricerca della Felicità".

Come vedremo in dettaglio in questo libro, e come fu detto in modo eccellente dal suo contemporaneo Benjamin Franklin, quando entrambi vivevano nella mia città, Philadelphia: "La costituzione garantisce al popolo americano soltanto il diritto di cercare la felicità. Ognuno di noi deve coglierla da solo". Infatti Sonja Lyubomirsky, uno dei leader della ricerca scientifica sulla felicità, preferisce parlare di "creazione o costruzione della felicità" invece che di sola "ricerca della felicità".[23] Cominciamo a capire cosa sia la felicità, così potremo in seguito crearla.

La definizione di felicità

"Felicità è il percepire che la tua vita sta andando bene".

Sissela Bok

La mia definizione preferita di felicità è: "La felicità è la gioia che sentiamo quando mettiamo a frutto le nostre potenzialità".[24] La felicità è uno stato mentale di benessere caratterizzato da emozioni positive che vanno dalla soddisfazione alla gioia intensa.[25] È stato detto che le dieci emozioni positive più intense siano la gioia, la gratitudine, la serenità, gli interessi, la speranza, l'orgoglio, il divertimento, l'ispirazione, la contemplazione e l'amore.[26] La felicità si riferisce all'esperienza della gioia, della soddisfazione, o del benessere positivo, insieme alla sensazione che la propria vita sia bella, significativa e utile.[27] La felicità implica uno stato d'animo positivo nel presente e una prospettiva positiva per il futuro.

Molti, inclusi Aristotele, Freud e altri, hanno cercato di definire la felicità con diversi approcci biologici, psicologici, religiosi e filosofici, e si sono sforzati anche di identificarne le cause e le motivazioni. Alcuni hanno sostenuto che non abbiamo nemmeno bisogno di una definizione di felicità, perchè percepiamo in modo soggettivo se siamo felici o no. La felicità è un prodotto secondario che deriva dal fare altre cose e perciò non può essere un obiettivo fine a se stesso.

Ma, come vedremo in questo libro, ci sono molti dati scientifici su ciò che ci rende più o meno felici, se non altro in generale. Nella letteratura scientifica, 'benessere' (o benessere 'soggettivo') è spesso usato come sinonimo di 'felicità', ed anch'io farò lo stesso in questo libro; altri hanno usato anche 'soddisfazione della propria vita', 'emozioni positive', e 'positività'.

La scienza della 'psicologia positiva' si sforza di applicare il metodo scientifico per rispondere alle domande su cosa sia la 'felicità' e come potremmo raggiungerla. La felicità viene dall'interno dell'individuo e dipende in modo molto minore dalle circostanze esterne rispetto alle percezioni individuali interne e alle relative emozioni. Ecco perché gli scienziati parlano di 'felicità sintetica'. Sintetizziamo la felicità dentro noi stessi; la felicità non la si trova per la strada. Visto che siamo tutti diversi dentro, ognuno ha la sua definizione personale di felicità. La felicità perciò può significare molte cose diverse. Una parte della sfida della scienza della felicità è identificarne tutte le varie componenti, quelle comprovate per aiutarci a raggiungere il benessere. Poi dipende da ciascuno di noi cercare quelle particolari attività che ci rendono personalmente felici.

La felicità può essere misurata

La felicità, anche se chiaramente è una questione personale, può essere misurata, in molti modi e con parametri oggettivi. L'Organizzazione per la Cooperazione e lo Sviluppo Economico (OCSE) ha pubblicato una Guida per Misurare il Benessere Soggettivo, come riportato nel Rapporto sulla Felicità Mondiale del 2013.[28] Queste linee guida sono piuttosto estese, rigorose, e basate su elementi accertati ('evidence-based'), ovvero basate su studi scientifici comprovati.

Tre elementi si riferiscono alla definizione di benessere soggettivo: 1. *Valutazione della vita* – un esame attento della vita (o di un qualche suo aspetto) di una persona; 2. *Eudaimonia* – il senso del significato e dello scopo nella vita, ovvero un buon funzionamento psicologico; 3. *L'affetto* – i sentimenti di una persona o gli stati emotivi, misurati di solito in riferimento ad un momento particolare nel tempo.

Si deve distinguere tra un'emozione corrente ("Sei felice ora?") e una valutazione generale ("Sei felice in generale della tua vita?"). Da un lato, l'*emozione attuale* spesso ha a che fare con il piacere, come leccare una caramella, ricevere una carezza, e altri piaceri spesso fisici. Questa è chiamata la misura 'affettiva' della felicità. L'emozione positiva (o affetto positivo) viene spesso misurata richiedendo informazioni riguardo al giorno che precede l'osservazione.

Dall'altro lato, la *valutazione generale della felicità della vita* ha più a che fare con le gratificazioni personali, ed è ciò che analizzano quasi tutti i più importanti sondaggi sulla felicità, come è riportato dal Rapporto sulla Felicità Mondiale.[29] La valutazione proposta è di tipo complessivo. La soddisfazione generale della vita si chiama misura 'valutativa' della felicità.

La misura primaria dell'OCSE riguardo il benessere soggettivo è la domanda cruciale relativa alla valutazione della vita: "In generale quanto sei soddisfatto della tua vita?" La seconda domanda fondamentale si riferisce all'eudaimonia: "In generale, fino a che punto senti che le cose che fai nella tua vita sono utili?"

Le ultime tre delle cinque misure di base relative al benessere soggettivo hanno a che fare con la dimensione affettiva, e richiedono una domanda relativa allo stato del giorno precedente. "Come ti senti? Felice?" Preoccupato? Depresso?"

Tre tra le più importanti risorse per la valutazione della vita sono la

Scala della Vita di Catril,[30] la Soddisfazione della Vita,[31] e la Felicità della Vita nel Suo Complesso.[32] Un'altra analisi sulla felicità molto usata è la Scala sulla Felicità Soggettiva.[33]

Mentre ci apprestiamo ad analizzare le attività che la scienza ha dimostrato essere maggiormente associate alla felicità, dobbiamo prima essere consapevoli di quanto questi dati siano attendibili. Alcuni sono basati sul metodo sperimentale, che è il migliore. Le persone vengono assegnate a caso (il termine tecnico che preferisco è 'vengono randomizzate') all'una o all'altra attività, quindi vengono paragonati i livelli di felicità. Per esempio, il fatto che la gente sia più felice dando piuttosto che ricevendo è provato da questo metodo scientifico.[34]

Altre questioni non possono essere studiate facilmente con tali metodiche, ad esempio la felicità relativa al guadagno o alla religione. In queste situazioni, due gruppi di persone, con caratteristiche diverse (per esempio persone molto religiose comparate a persone atee) sono paragonate o valutando ciò che hanno fatto in passato (studio retrospettivo) o attraverso uno studio che le valuta a partire dal momento attuale (studio prospettico).

In generale i dati prospettici sono più attendibili di quelli retrospettivi. Inoltre, i fattori che possono influenzare il risultato (per esempio quante persone sposate e quante persone singole ci sono in uno studio sull'influenza del guadagno sulla felicità) devono essere controllati, cioè essere uguali nei due gruppi. Naturalmente, in generale, più ampio è lo studio, migliore è la sua qualità scientifica.

Un altro fattore importante nello studio della felicità è il modo in cui sono impostate le domande. Per esempio, la gente tende ad essere più felice se pensa al passato, rispetto a quando le viene chiesto improvvisamente quanto sia felice proprio in quel momento esatto. In retrospettiva, la gente può associare valori positivi persino a momenti difficili, come sopravvivere ad una disgrazia passata.

Inoltre, la sequenza delle domande può alterare significativamente le risposte degli intervistati. Ciò che è successo appena prima della domanda può alterare la risposta. La felicità provata il 12 settembre 2001 fu certamente minore rispetto a quella del 10 settembre, non importa la persona o il momento preciso della giornata. Anche le attitudini specifiche di un popolo possono alterare le risposte sulla felicità, visto che alcuni paesi o alcuni gruppi di persone potrebbero non sentirsi a loro agio mostrando di essere più felici rispetto ad altri.[35]

Potrei continuare ancora a spiegare questi fattori, ma sono convinto che vi ho reso almeno consapevoli che non tutti i dati scientifici sono uguali. D'altra parte, molta della ricerca scientifica sulla felicità non solo è affidabile, ma anche riproducibile. La valutazione del proprio benessere soggettivo è correlata alle opinioni di amici e parenti su quanto realmente felice sia quella persona.[36] Inoltre, le persone che descrivono se stessi come felici sorridono più spesso e in modo più genuino di quelle meno contente.[37] Come vedremo più avanti, la gente che si autodichiara felice ha una lunga lista di benefici oggettivi, inclusi lavoro, matrimonio e salute migliori, benefici che la porta persino a vivere una vita più lunga.[38]

Agli scettici che argomentano che alcuni di questi mezzi scientifici per valutare i livelli di felicità siano ancora troppo legati alle percezioni soggettive, ricordo altre realtà scientifiche. Primo, sono di solito proprio le percezioni sullo stato della loro persona e di coloro che li circondano, incluso il mondo nel suo complesso, che guidano il comportamento individuale, piuttosto che le 'misure dei fatti'.[39] Secondo, le misure dello *sviluppo umano* sono strettamente correlate con le misure della soddisfazione della vita.

Le misure dello sviluppo umano (che vanno nell'Human Development Index [HDI]) sono: l'aspettativa di vita alla nascita; gli anni di scuola; il reddito nazionale lordo pro capite; la soddisfazione al lavoro; la libertà di scegliere; l'uguaglianza; la fiducia nel governo; la percezione della propria sicurezza e, infine, le condizioni economiche. Queste possono essere misurate anche più oggettivamente, e sono molto strettamente correlate, individualmente e come un tutto (nel HDI), con la soddisfazione e la felicità nella vita.[40] Gli obiettivi dello sviluppo umano coincidono considerevolmente con i fattori determinanti la felicità.

Fortunatamente, il mondo è divenuto un luogo leggermente più felice e più generoso negli ultimi cinque anni, con progressi continui verso l'uguaglianza, vite migliori e sostegno sociale.[41]

Cosa determina la felicità?

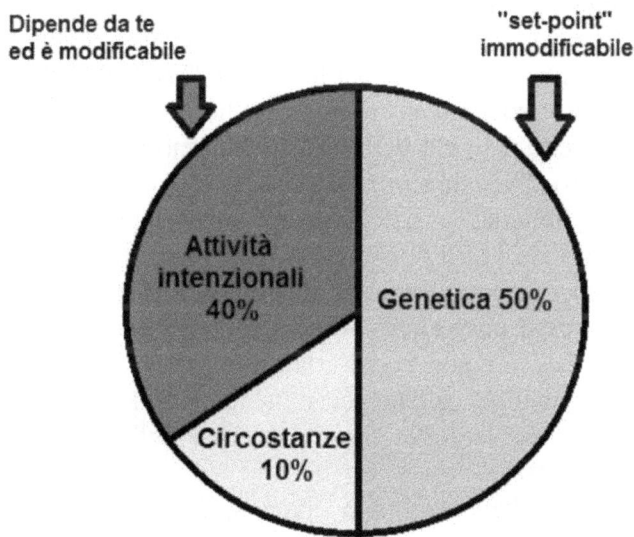

"Dio, concedimi la serenità di accettare le cose che non posso cambiare, il coraggio di cambiare le cose che posso, e la saggezza di capirne la differenza".

Reinhold Niebuhr

Cosa rende felici? Molti lavori scientifici, in particolare quelli di Sonya Lyubomirsky[42] hanno mostrato che la felicità dipende da tre fattori principali, come illustrato in questa figura:

COSA DETERMINA LA FELICITÁ

Dipende da te
ed è modificabile

"set-point"
immodificabile

Attività
intenzionali
40%

Genetica 50%

Circostanze
10%

La felicità dipende dalla natura (genetica), da ciò che decidiamo di fare (attività intenzionali), e da fattori esterni che ci coinvolgono (circostanze).

Genetica

Il 50% del nostro livello di felicità è stabilito al concepimento, quando l'uovo di tua madre incontra lo spermatozoo di tuo padre. Metà della felicità dipende dagli specifici geni della felicità che hai ereditato dai tuoi genitori. Così come alcune persone hanno ossa lunghe o sono meglio predisposte, per esempio, al salto in lungo, altre vincono la lotteria mentale ed eccellono nell'essere felici. Una buona fetta della storia della vita di ognuno di noi è scritta alla nascita, addirittura al concepimento: alcuni dei semi della felicità sono piantati nei geni.

Questo è dimostrato in buona parte da studi sui gemelli. Ricerche sui gemelli eterozigoti (fraterni) e omozigoti (identici) hanno rivelato che ciascuno di loro nasce con un particolare 'livello' di felicità.[43] Infatti, nei gemelli omozigoti, che condividono lo stesso identico DNA, i livelli di felicità sono molto simili, anche se gli eventi e le circostanze più importanti delle loro vite siano state diverse. Il matrimonio conta per meno dell'1% di differenza, e il reddito per meno del 2% di differenza.[44]

Nei gemelli eterozigoti invece, che hanno differenze del DNA come altri fratelli e sorelle, i livelli della felicità variano moltissimo, a dispetto del fatto che il loro DNA sia simile al 50%.

Geni della felicità, e specialmente 'geni della depressione' (per esempio il gene 5-HTTLPR,[45] che codifica il promotore del trasportatore della serotonina), vengono scoperti di continuo. È interessante notare, però, che questi geni ci rendono vulnerabili rispetto alla condizione alla quale sono associati, ma non necessariamente la causano. Per esempio, le persone con un 'cattivo' allele per il gene 5-HTTLPR non diventano depresse se hanno una famiglia che li sostiene e delle esperienze positive di vita.[46]

Le persone felici sembrano avere più attività nella corteccia prefrontale di sinistra rispetto alla destra.[47] Questo può essere considerato il nostro centro cerebrale della felicità, secondo gli studi funzionali elettroencefalografici sulle nostre emozioni.[48] Questo 'livello' base non cambia, ma possiamo migliorarlo, oppure abbassarlo, soprattutto in base alle attività che scegliamo volontariamente.

È interessante il fatto che questo concetto è simile al nostro set point geneticamente predisposto per il peso.[49] Mi sembra di avere una tendenza ad essere al top dello standard di peso normale, proprio come mio padre. Mia moglie e i miei figli sembrano essere invece predisposti a rimanere sempre magri, non importa quanto mangino.

Così come possiamo migliorare il nostro peso, o il nostro livello di colesterolo, possiamo migliorare il nostro livello di felicità. La cosa peggiore che una persona possa fare è credere di non poter cambiare. Le persone che hanno opinioni come "sono destinato ad essere infelice", "le bionde sono meno intelligenti", "lui è nato criminale", "io proprio non son capace a fare questa cosa", devono superare questi miti, perché si tratta veramente di miti, di non-verità.

Cambiare il tuo cervello è possibile in base a come vivi la tua vita. I tassisti hanno un ippocampo più ampio, perché questa struttura del loro cervello è più dedicata alla memoria spaziale rispetto alla media delle persone. I nostri pensieri, attività e comportamenti possono cambiare. Vediamo come.

Attività intenzionali

Fortunatamente, il 40% del livello della nostra felicità è determinato dalle attività che scegliamo. Le cose che noi scegliamo di fare consapevolmente, come trascorrere del tempo con i nostri cari, meditare, o fare jogging, permettono di aumentare la nostra felicità più di altre attività.

Quindi noi possiamo controllare, e determinare noi stessi con le nostre scelte, una parte significativa di quanto possiamo essere felici. Le attività intenzionali possono anche essere chiamate attività volontarie. Preferisco il termine 'intenzionali,' perché enfatizza la nostra voglia di realizzarle, non solo il fatto che potremmo farle se volessimo.

La felicità, come detto in precedenza, è dentro noi stessi, non all'esterno. Non è qualcosa che dobbiamo andare a cercare e trovare. Noi creiamo la nostra felicità con le nostre azioni. Quindi la felicità è uno stato mentale, un modo di percepire e relazionarsi al mondo in cui viviamo.[50]

La felicità è determinata solo in parte minore dalle condizioni materiali di un individuo, come il denaro, o anche la salute, ma soprattutto dal carattere morale dell'individuo. I capitoli successivi sono dedicati ad esaminare le attività che possiamo scegliere per aumentare in modo proattivo la nostra felicità. In breve, queste attività includono obiettivi intrinseci all'individuo, come il relazionarsi con altre persone, il fare ciò che ci piace fare, l'avere degli scopi che abbiano grandi significati personali, la dedizione e il riconoscimento.

Circostanze esterne

Soltanto il 10% circa della variazione del nostro livello di felicità dipende da differenze nelle nostre condizioni di vita. Queste sono di solito rappresentate da elementi esterni. Includono fattori che non possiamo cambiare, come l'etnia, il genere e l'età. E includono anche elementi che in qualche modo possiamo alterare, come lo stato civile, dove abitiamo (il luogo geografico, la casa, il letto, ecc.), l'occupazione, il guadagno, lo stato di salute, quanto si è belli (oppure no!), l'automobile che guidiamo, e quanto siamo ricchi.[51,52] Dal momento che queste condizioni tendono a durare a lungo, ci si abitua a loro, e quindi influenzano sorprendentemente poco la nostra felicità.

Perciò nel complesso, il 50% della nostra felicità, costituito dal 40% delle attività intenzionali e dal 10% delle circostanze, è per la grande maggioranza sotto il nostro controllo. Le attività intenzionali e le circostanze si riferiscono al fatto che la felicità, in un certo qual modo, dipende da una serie di bisogni.

Abraham Maslow ha elencato questi bisogni in ordine di priorità, secondo la sua famosa piramide:[53]

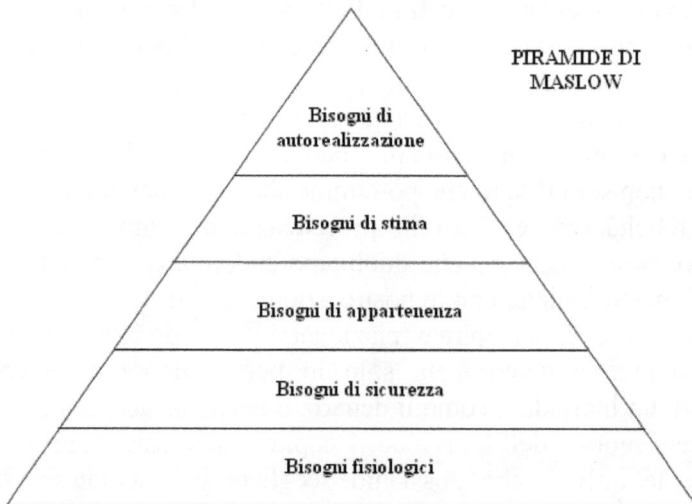

PIRAMIDE DI MASLOW

Bisogni di autorealizzazione

Bisogni di stima

Bisogni di appartenenza

Bisogni di sicurezza

Bisogni fisiologici

Le persone devono avere degli elementi di base prima di poter essere capaci di sentirsi felici. Innanzitutto, gli esseri umani devono avere dei beni primari fisiologici come il cibo, l'acqua, il riparo, il calore, il sonno, dal momento che queste sono necessità fondamentali della vita. Poi, devono sentirsi sicuri e protetti. Senza questi primi due gruppi di bisogni alla base della piramide, nessuna felicità può essere costruita. Le persone senza sicurezza, cibo e riparo, dichiarano di essere molto infelici. La gente che ha soldi per le cure mediche, per il sostentamento, e persino per alcuni semplici giochi per bambini, è molto più felice rispetto a chi manca di questi semplici bisogni essenziali.[54,55]

Solo quando queste due basi sono presenti, vi si possono costruire sopra gli altri tre livelli. Come vedremo confermato da molti dati scientifici, le relazioni sociali e il senso di appartenenza, eccellere in qualcosa, il riconoscimento in un lavoro che amiamo fare come se stessimo giocando, e il perseguire degli obiettivi che sono per sé stessi significativi nel rendere il mondo migliore, ci portano in cima alla piramide. Perciò, mentre a breve termine possiamo godere dei piaceri, nel medio termine il benessere include il raggiungimento di obiettivi e soddisfazioni. Coloro che esercitano le attività associate alla felicità (anche senza saperlo) possono raggiungere nel lungo termine gli obiettivi ultimi, le ragioni per cui sono qui in vita, e realizzare il loro potenziale.

Il tuo atteggiamento

"Non c'è niente di buono o di male, ma è il pensarlo che lo rende tale".
William Shakespeare[56]

Il mio amico Mike Foley racconta una storia che dà l'idea di quanto sia importante un atteggiamento positivo per un essere umano nel corso della sua vita.[57]

Un cieco va a visitare un amico. Alla fine della sua visita, poco prima di salutarlo e di ritornare per la strada verso casa fatta già tante volte, il cieco chiede al suo amico una candela, dicendo che fuori è buio. L'amico è perplesso e chiede: "Perché hai bisogno di una candela, dal momento che sei cieco e poi conosci la strada a memoria perché l'hai percorsa centinaia di volte?"

L'uomo cieco replica: "Non ho bisogno della candela per me. Ho bisogno della candela così che gli altri mi vedano e per proteggerli dal venirmi addosso". Quindi l'amico porge una candela al cieco, che lo lascia e comincia a camminare lungo la solita strada verso casa.

Dopo circa 15 minuti, BOOM, un'altra persona si scontra con il cieco e lui cade a terra.

Questa è la storia. Cosa rappresenta la candela? Qual è il significato del racconto?

La candela illuminata rappresenta le nostre passioni, i nostri interessi, le nostre emozioni, il nostro rapportarci agli altri. Il significato del racconto è che se non portiamo una candela accesa mentre percorriamo la nostra strada, trascorreremo la nostra vita senza essere mai notati. Senza fare mai la differenza. Siamo noi i responsabili della nostra vita, e abbiamo bisogno di una candela illuminata sia per nostro beneficio sia per quello degli altri. Abbiate con voi sempre una candela accesa, e fate la differenza.

La felicità è "un modo di interpretare il mondo, dal momento che, se è difficile cambiare il mondo [ma bisognerebbe sempre provarci], si può sempre cambiare il modo di vederlo".[58] Bisogna avere innanzitutto la volontà di imparare ciò che è stato dimostrato rende la gente felice, ed avere una mente aperta ed attenta all'evidenza scientifica che esamineremo. Poi bisogna avere forza di carattere e mettersi d'impegno a compiere nella nostra vita le azioni che ci rendono felici.

Ci sono prove scientifiche che indicano che le persone possono aumentare il livello di felicità. Tutti possono beneficiarne mettendo in pratica comportamenti identificati dalla psicologia positiva. Da adulti gli atteggiamenti che più son correlati alla felicità sono l'ottimismo, l'essere estroverso, il percepire di avere il controllo della propria vita, e l'autostima. Questi, se non sono innati, possono essere ampiamente migliorati.

Sentimenti di gioia, piacere, soddisfazione, serenità, curiosità, interesse, vitalità, entusiasmo, vigore, passione, orgoglio: queste sono le emozioni positive che caratterizzano le persone felici.[59] Le emozioni positive di solito causano altre emozioni positive, creando un circolo virtuoso in questo caso molto vantaggioso.

Per esempio, gli esercizi di aerobica ti tonificano, così che poi sei più creativo e quindi ti viene in mente una nuova idea che poi migliora il tuo rapporto con la persona amata, cosa che poi ti rende più efficiente al lavoro, portandoti alla fine ad una sensazione di maggior benessere.

Le emozioni positive innescano altre attività positive, e ci fanno vedere le cose in un modo più ottimista, generando la sensazione di avere una vita migliore. Stati d'animo felici conducono poi le persone ad essere più simpatiche, più felici, più socievoli e più disponibili. Le emozioni positive ci aiutano a raggiungere i nostri obiettivi. Si vuole e si deve essere felici non soltanto per la sensazione positiva che questo comporta, ma anche perché ci assicura più successo personale.

Il prossimo capitolo esplora le principali attività intenzionali che ci fanno felici.

Le sei attività intenzionali che creano felicità

"La felicità consiste nell'essere attivi. È un fiume che scorre, non una pozzanghera stagnante".

John Mason Good

Ci sono varie attività che sono state messe maggiormente in correlazione con la felicità. Le sei attività che possiamo intenzionalmente scegliere di mettere in pratica, rendendole delle abitudini nella nostra vita quotidiana, e che, da un punto di vista scientifico, piú si correlano con l'aumento della felicità, sono: i rapporti sociali, fare quello che ci piace fare, avere degli obiettivi, trovarci un significato per noi importante, lavorarci sodo, e ricevere un riconoscimento. Lo psicologo Martin Seligman, nella sua ricerca *Positive Psychology*, è colui che ha contribuito maggiormente allo sviluppo di questa lista.[60]

È importante distinguere tra le attività che donano in generale una felicità duratura, come per esempio i rapporti sociali, l'impegno, il trovare significato in quel che si fa, il ricevere riconoscimenti e il realizzarsi, e invece ciò che, in generale, dona brevi momenti di felicità, come il piacere.

I rapporti sociali

"Trovare un amico è trovare un tesoro".

Siracide 6, 14-15

La prima e più importante chiave per raggiungere la felicità è avere saldi rapporti sociali. Relazioni e contatti umani di ogni tipo contribuiscono alla felicità più di qualsiasi altra cosa.[61] I legami sociali sono un indicatore estremamente affidabile della felicità. Innanzitutto, la maggior parte delle persone che ha buoni amici è più felice sin dalla nascita. Inoltre, la maggior parte degli individui tende ad essere più felice quando è con altre persone, piuttosto che quando è da sola.

In un famoso studio, 268 studenti del College di Harvard furono seguiti per 40 anni per identificare le circostanze di vita e le caratteristiche personali associate con la felicità. I risultati furono: "Amore - Solo Amore". Il rapporto con altre persone - partner, famiglia, amici, colleghi - è importante più di qualsiasi altra cosa al mondo.[62] In un altro studio, la caratteristica del 10% delle persone più felici si è rivelata essere la solidità dei loro rapporti sociali.[63]

Ci sono molti esempi di rapporti sociali che aumentano la felicità: essi includono trascorrere il tempo con il proprio partner, un caro amico, ma anche appartenere ad un'associazione dove hai buoni rapporti con gli altri.

La più importante scelta nella tua vita sarà soprattutto con chi vorrai relazionarti, a casa, in vacanza, durante i fine-settimana, di notte. Questi è il tuo co-pilota, il tuo compagno di vita. Questa è la persona di cui ti puoi fidare, di cui ti curi, in cui credi, a cui doni di più. Se l'amore passionale è un fuoco, questo amore compassionevole, che richiede anni per solidificarsi, può essere paragonato alle viti che s'intrecciano man mano che crescono, data la positiva interazione sociale. [64]

Anche l'avere buoni amici è associato alla felicità. Questi sono le persone con cui condividiamo i nostri segreti e dubbi più intimi. Questi sono quelli che ci conoscono e che non ci giudicano, ma che invece ci aiutano nei momenti difficili o danno risposte alle nostre domande più difficili.

Un altro rapporto sociale che crea benessere è trovare un bravo mentore. Come sostiene Frank Bucaro: "Non aspettare che qualcuno ti porti sotto la sua ala. Cerca una buona ala, e mettitici sotto". Ogni qualvolta incontri qualcuno che ammiri e a cui ti piacerebbe assomigliare, cerca di trascorrerci insieme del tempo, di conoscerlo. Isaac Newton disse: "È solo stando sulle spalle dei giganti che sono stato capace di vedere più in là": è vero!

Far parte di gruppi sociali di qualsiasi tipo aumenta la felicità. Per esempio, frequentare incontri mensili di un'associazione, o fare il volontario una volta al mese, è associato allo stesso cambiamento di benessere che si ha quando ci viene raddoppiato lo stipendio.[65]

Il sostegno di un gruppo sociale può aiutare in molti altri modi, incluso il miglioramento della salute. Membri del gruppo di sostegno dei malati di cancro al seno hanno raddoppiato la lunghezza della loro sopravvivenza rispetto a malati simili ma non membri.[66] In uno studio di persone che cercavano di perdere peso, quelli che lo hanno fatto insieme a tre conoscenti, amici, o membri della famiglia, hanno avuto il 66% di successo (hanno perso peso e l'hanno mantenuto più a lungo) dopo sei mesi, mentre solo il 24% di coloro che l'hanno fatto da soli ci sono riusciti.[67]

Molte cose che hanno a che fare con il socializzare (ad esempio vedere gli amici, avere una famiglia amorevole, fare sesso) sono molto importanti, e di fatto la chiave per la felicità. Perciò spendi soldi per attività che ti aiutano a socializzare, non per cose materiali. Cena con gli amici. Goditi dei film con persone che ami. La felicità costa relativamente poco. A dire il vero, la maggior parte dei modi per raggiungere la felicità è gratuita.

Conoscere chi sono i tuoi vicini di casa, e specialmente essere socievoli con il proprio vicino, è una delle chiavi per la felicità. Questo lo si può notare ovunque, sia in comunità meno opulente, sia in qualsiasi altra parte del mondo. Il senso della comunità, dell'amore reciproco, dell'essere d'aiuto alle persone creano un profondo senso di benessere. Troverai spesso nel tuo quartiere persone simili a te, dal punto di vista dei valori e degli interessi. Invitale a trascorrere serate insieme, e tieniti in contatto frequente con coloro che ti sono più vicini intellettualmente. Trattali come se fossero parte della tua famiglia allargata.

Sentiti parte di un team. Una volta che ti senti connesso ad un gruppo, a qualcosa di più grande di te - famiglia, squadra, classe, scuola, città, gruppo di amici, specialisti della tua materia - non hai intenzione di fare loro del male sbagliando o non dando per loro il meglio di te stesso. Essere 'connessi' agli altri favorisce un comportamento morale, perché abbracci i valori del gruppo. La tua vita è connessa ad una missione.

Qual è la tua squadra? La mia squadra d'origine comprende mia madre, mio padre, mia sorella Anna, mio fratello Michele. Poi meravigliosamente si è estesa a mia moglie Paola e ai nostri figli Andrea e Pietro. Poi ha incluso i miei parenti acquisiti, i nipoti, i miei amici più cari, i miei colleghi più vicini, i miei pazienti. Io voglio vincere per loro.

Sii parte di una squadra che ti piace, in cui credi, con cui interagisci bene, che ammiri. In uno studio famoso, dei mediocri studenti sono stati messi in stanza con studenti con alti voti. Dopo poco tempo, i voti degli studenti mediocri sono aumentati considerevolmente.[68] Un giocatore felice può migliorare lo stato d'animo di un'intera squadra; più il team è felice, più gioca meglio.[69]

Quando furono intervistati dei professionisti di successo in pensione, dissero che ciò che li aveva motivati maggiormente al lavoro era stato lo stimolo dei loro colleghi, l'amicizia sul lavoro, e in generale la gente con cui avevano lavorato.[70] La migliore predizione di quanto successo una squadra possa avere è basata su come i membri si sentono gli uni per gli altri.[71] Più i membri socializzano e interagiscono faccia a faccia, migliori sono i risultati del loro lavoro.[72]

Perciò "socializza" al lavoro, sia che tu sia in una situazione di leadership sia che abbia una posizione inferiore. Ascolta i problemi degli altri, presenta i colleghi agli altri, esprimi interesse, ascolta gli altri, dimostra gratitudine, collabora, aiutali, 'gestiscili passeggiando in mezzo a loro', un concetto reso popolare da Tom Peters negli anni '80.

Probabilmente la relazione sociale più importante al lavoro è con il tuo capo. Gli impiegati con forti legami positivi con il loro manager portano più soldi e rimangono più a lungo con l'azienda.[73] Impiegati con un rapporto difficile con il loro capo hanno la pressione più alta e un 30% in piú di problemi alle coronarie.[74]

Studi scientifici hanno dimostrato che i gruppi migliori sono quelli formati da circa 4 a 8 persone. E che le migliori conversazioni, se entrambe le persone sono disponibili all'ascolto e a parlare positivamente, sono quelle di uno a uno. A me piace parlare con i miei genitori uno alla volta, se possibile.

Un mezzo importante per una buona vita sociale è essere in grado di comunicare in modo efficace. Un buon posto dove trovare saggezza è nella mente di persone con abilità diverse dalle tue, e persino nei tuoi avversari. Le migliori conversazioni sono quelle in cui la tua attenzione è così focalizzata che dimentichi che ore sono e tutto ciò che ti sta succedendo intorno.

L'importante è focalizzarsi su ciò che l'altra persona sta dicendo. L'obiettivo è dare spazio al partner, comprendere profondamente il suo punto di vista, imparare quanto più possibile i sentimenti e i pensieri intimi del nostro interlocutore. Ecco perché abbiamo due orecchie e solo una bocca: ascolta più di quanto parli.

L'esporsi candidamente al nostro prossimo crea legami sociali profondi. Questo comporta spesso rendersi vulnerabili, dal momento che condividiamo con gli altri le nostre paure, debolezze, colpe. Le persone aperte col prossimo ne ottengono la fiducia riconoscendo e poi condividendo la propria vulnerabilità.[75] Mostrando la loro umanità inevitabilmente guadagnano la fiducia dell'altra persona. Dì alla gente ciò che avresti sempre voluto dirle. Ecco perché ho scritto tanti libri personali e condivido tante storie intime con il mio prossimo.

Come vedremo dopo più dettagliatamente, il riconoscimento è una delle chiavi per la felicità. Ma il riconoscimento che viene dal nostro gruppo sociale è molto più importante del riconoscimento che viene dal pubblico in genere. Analizzando le mie emozioni attentamente, ho scoperto negli anni che mi rende molto più felice una frase di lode espressa dai miei genitori che un premio internazionale.

Per me, sentir dire da mio nipote che gli è piaciuto molto un libro che ho scritto, ha più valore che venderne 10.000 copie. Avere successo nel proprio ambiente, agli occhi dei membri della propria famiglia o degli amici più cari, è il modo migliore per sentirsi bene. Se il successo professionale arriva a costo di grandi sacrifici per i nostri cari, quel successo è dolce amaro, e spesso alla fine può portare all'infelicità.

Sta attento a trattare sempre la gente con rispetto. Fa che l'altra persona si senta più importante di te durante le tue interazioni con lei. Ecco perché nelle arti marziali ci si inchina quando ci si incontra, per mostrare rispetto reciproco. Il tuo prossimo per prima cosa deve sapere che tu ti curi di lui, prima che lui si curi di ciò che vuoi tu.[76] Pensaci: questo succede raramente. Siamo quasi sempre noi invece che subito pretendiamo dagli altri, incuranti di cosa gli altri possano volere da noi.

Quando ti rapporti al prossimo, ricordati del concetto di reciprocità. È nel dare amore che riceviamo amore. È nel dare che si riceve. Tratta tutti gli altri come vorresti essere trattato tu. Come disse la poetessa dei diritti civili Maya Angelou: "La gente non ricorderà esattamente ciò che hai detto o hai fatto, ma ricorderà sempre come li hai fatti sentire". Fagli sentire che tu sei interessato a loro.

Che sensazioni proveresti se, con il viso adirato e la voce alta, ti gridassi: "Tu sei il miglior collega che io abbia mai avuto". E come ti sentiresti invece se mi sedessi vicino a te, ti mettessi il braccio sulla spalla, ti guardassi amorevolmente negli occhi, e con una voce calma e dolce ti mormorassi: "Oh mio caro, non hai proprio alcun talento, zero". Se questo esperimento viene fatto a dei ragazzini dell'asilo, tutti rispondono che la prima interazione è di un cattivo, mentre la seconda è di una persona carina, buona. La forma vuol dir molto. L'atteggiamento è tutto. Sii simpatico. Compiere atti di gentilezza verso gli altri, come vorremmo riceverli, è associato ad un aumento significativo del livello di felicità. Il mondo è basato sul concetto di reciprocità. Spesso più dai e più ricevi. Senza dare, non riceverai nulla.

Ci sono prove scientifiche di come il relazionarsi con il prossimo cambi i nostri ormoni e la nostra fisiologia. Relazioni sociali positive aumentano nel sangue il nostro livello di ossitocina - l'ormone del piacere

-, riducono l'ansia, aumentano la concentrazione, e abbassano il livello di cortisolo - l'ormone dello stress.[77]

Avere scarsi rapporti sociali può essere mortale come certe malattie. La gente con pochi legami sociali ha un'incidenza di depressione due o tre volte maggiore rispetto alle persone con saldi legami sociali.[78] Due dei miei compagni di medicina all'università morirono durante i primi due estenuanti anni di studio intenso, continuo ed isolato. Una morì di anoressia. L'altro cadendo da una finestra del nono piano. Per piacere, assicurati di stare bene, cerca sempre compagnia dagli altri e dai tuoi cari, sii sempre presente se e quando è necessario. I genitori e i buoni amici devono continuare a dare amore e sostegno incondizionato.

Fa quello che ti piace fare

"Sono semplicemente andato avanti sempre facendo ciò che mi piaceva fare".

Linus Pauling

La seconda chiave per la felicità è fare ciò che ci piace fare. Ti ricordi, da bambino, quando trascorrevi ore giocando col tuo gioco preferito? Giocando a carte, con i giochi di società, a qualche sport, a Subbuteo, con le Barbie, con i Lego? Ti dimenticavi che ora era, dove eri, eri ignaro di qualsiasi cosa ti accadesse intorno. Eri in uno stato di *flow* ('flusso'). La felicità arriva quando hai trovato un'attività (un 'gioco') che ti piace fare e ti porta allo stato di *flow*, il 'flusso di pensiero', e qualcun altro è felice di pagarti per farla.

Per me 'giocare' è arrivare a una diagnosi difficile, rivedere la letteratura scientifica per essere certo di usare con il paziente l'ultimo algoritmo di gestione e terapia, insegnare agli studenti, agli specializzandi e agli altri colleghi, appassionati quanto lo sono io, come far star meglio le persone, scrivere libri di scienza medica e di saggistica.

Linus Pauling, premio Nobel per la chimica nel 1954 e per la Pace nel 1962, disse: "Penso di non essermi mai seduto e chiesto, ora cosa farò della mia vita? Sono semplicemente andato avanti sempre facendo ciò che mi piaceva fare". Facendo ciò che ti interessa fare, usi i tuoi punti di forza migliori, che è una chiave ben collaudata di successo personale e professionale.

Quando sei concentrato e immerso in un compito che ti piace, quella è felicità, quello stato è il '*flow*'. Mentre scrivo testi scientifici sono spesso in '*flow*'. Durante la giornata il mio pensiero corre di frequente a quello che scriverò dopo, a come analizzare i dati, al significato dei risultati, a come organizzare la discussione e come concludere basandomi sui nuovi numeri che abbiamo messo insieme. La mia mente continua a 'giocare' continuando a concentrarsi sul progetto su cui mi sto impegnando in quei giorni. Non vedo l'ora di tornare a tuffarmi e perdermi nel mio progetto preferito.

Più mi ritrovo in questo stato mentale di *flow*, più felice mi sento come persona. Sono spesso in uno stato di *flow* quando ascolto attentamente la storia di un paziente. Sono in uno stato di *flow* quando opero, per esempio durante un parto cesareo o una transfusione fetale. Sono in uno stato di *flow* adesso scrivendo queste righe.

Per raggiungere uno stato di *flow*, la sfida insita nell'attività dovrebbe corrispondere all'abilità della persona coinvolta. Se troppo difficile, ti frustri. Se troppo facile, ti annoi. Siamo altamente motivati solo quando crediamo veramente che quell'esperienza (o le sue conseguenze) saranno alla fine, per noi, interessanti, stimolanti, piacevoli.

Sfidando te stesso, scoprirai te stesso. Scoprirai virtù e abilità che non avresti mai pensato di avere. Scoprirai i tuoi limiti. Due anni fa, uno dei miei migliori amici, Pierluigi, mi ha fatto partecipe di una sua brillante osservazione. Io e 'Pigi', il suo soprannome, eravamo i due secchioni nella nostra sezione al liceo classico. Io ero lo 'scienziato', lui il 'filosofo'. Ho sempre profondamente ammirato la sua acuta intelligenza e la sua immensa cultura.

Mentre camminavamo insieme nei Giardini Carducci di Perugia, sulla collina che domina la splendida valle umbra, mi disse: "Sei fortunato Vincenzo, perché sai chi sei. La vita negli Stati Uniti ti ha stimolato a scoprire i tuoi punti di forza, e poi a usarli per crescere come persona". Pierluigi è sempre profondissimo nei suoi pensieri. "Io non so chi sono", continuò. "Non ho mai capito se ci sia qualcosa in cui io sia bravo". È stato un momento triste. Ma, come accade spesso quando passo qualche ora con lui, mi aveva rivelato una profonda verità.

Ti consiglio di andare a una scuola, o di far parte di un ambiente di lavoro, dove puoi essere esposto a tante diverse opportunità, fatti, stili, tutori. Insegnanti e supervisori cominceranno a notare le tue qualità specifiche, che si riveleranno quando ti stai divertendo di più. Ti aiuteranno nel percorso di scegliere il tuo modo personale di contribuire alla felicità del genere umano.

La medicina rende molti felici perché fai cose che estendono le tue abilità. La medicina ti stimola a nuove sfide ogni giorno. Il fatto stesso di aver stimoli sempre nuovi deve essere il lato divertente. Il prerequisito per la felicità è diventare coinvolto nella vita in modo completo, non parziale.

Ho 'giocato' molto per esempio gli ultimi due anni di medicina, quando ho frequentato le 'cliniche', cioè le molte specializzazioni della Facoltà di Medicina qui a Jefferson, a Philadelphia. Uno dei ricordi più belli è quando mi sono ritrovato a reggere nel mia mano un cuore umano, pulsante, ancora dentro il torace di una person viva. Accadde quando in chirurgia cardiotoracica mi lasciarono partecipare a degli interventi cardiaci di bypass.

Il mio lavoro mi permette di fare ciò che faccio meglio. La gente lavora ai massimi livelli quando è motivata di per sé, quando gli è permesso di perseguire la propria motivazione intrinseca, impegnandosi per la soddisfazione che riceve per il lavoro fatto bene. L'infelicità invece viene quando qualcuno ti dà costantemente degli ordini, o quando si è motivati solo da fattori economici.

Avere degli obiettivi

"Uno scopo nella vita è l'unica fortuna che vale la pena di cercare".
Robert Louis Stevenson

La terza chiave per la felicità è avere degli obiettivi da perseguire. Avere degli obiettivi è fortemente associato a più alti livelli di felicità. Non c'è felicità senza azione.[79] La felicità è azione!! Persino per Aristotele, ben più di 2000 anni fa, la felicità era un'attività, piuttosto che un'emozione o uno stato d'animo. Cerca qualcosa di importante da fare e in cui sei bravo, e concentraci su. La gente che lotta per qualcosa di personalmente significativo è più felice di chi non ha grandi sogni o aspirazioni.[80]

Uno psichiatra australiano di nome W. Beran Wolfe disse giustamente: "Se osservi un uomo veramente felice, lo vedrai costruire una barca, scrivere una sinfonia, educare suo figlio, coltivare delle dalie nel suo giardino, o cercare delle uova di dinosauro nel deserto di Gobi".[81] Cerca una persona felice e troverai un progetto.[82]

Dedica la tua vita a qualcosa che per te è importante. È meno importante che questo scopo abbia a che fare direttamente o indirettamente con il tuo lavoro, o con miglioramenti in famiglia, nel sociale, o nella vita spirituale. Il processo di lavorare per un obiettivo, per un'esperienza impegnativa ma personalmente gratificante, è tanto importante per il benessere quanto il suo raggiungimento.[83]

Avere degli obiettivi importanti per noi stessi rafforza la nostra autostima. Ci stimola ad essere fiduciosi ed efficaci. Aggiunge struttura e significato alla nostra vita. Ci guida a sviluppare delle responsabilità, e ci dà l'opportunità di padroneggiare nuove abilità. Aristotele disse che per raggiungere l'*arete* (ἀρετή, felicità, eccellenza, virtù), dobbiamo puntare ad un *telos* (τέλος, un obiettivo, proposito). Descrisse l'individuo come un arciere, che ha bisogno di un bersaglio chiaro a cui puntare.[84]

Anche se è vero che gli obiettivi devono cambiare a seconda dell'individuo, ci sono delle caratteristiche di base di questi obiettivi che li possono rendere più efficaci nel raggiungimento della felicità. Innanzitutto, l'obiettivo deve essere personale. L'obiettivo deve essere intrinseco, auto-sviluppato, gratificante per la persona che lo persegue. Non dovrebbe essere ideato e costretto da una spinta esterna, come per esempio da un genitore, un capo, un membro della famiglia. Ci si appassiona molto di più ai nostri obiettivi intrinseci, così da perseguirli attivamente, così da impegnarci intensamente per il loro raggiungimento. Perciò alla fine questi sono gli obiettivi che con più probabilità ci faranno raggiungere il successo.

Perseguire degli obiettivi autentici è associato a più alti livelli di felicità, più salute, e più successo nel completare l'obiettivo.[85] Ad esempio, se siete degli estroversi, è probabile che vi piacciano di più obiettivi che coinvolgono l'interazione con le persone. Conoscere quali obiettivi ti si adattano meglio, è un'abilità importante, che necessita di auto-consapevolezza ed intelligenza emotiva.[86] I greci antichi chiamavano questa capacità di introspezione γνῶθι σεαυτόν ('conosci te stesso').

Una seconda caratteristica degli obiettivi migliori da perseguire è rendere lo scopo positivo - ad esempio "voglio stare bene in salute e sentirmi bene allenandomi", piuttosto che negativo - ad esempio "non voglio essere grasso". La differenza è sottile ma importante. Potrebbe sembrare che si tratti dello stesso obiettivo. Ma il perseguire soprattutto obiettivi che ci fanno evitare qualcosa, o concettualizzare in questo modo i nostri obiettivi, è associato a meno felicità e salute, e più ansia e angoscia, rispetto al perseguimento di obiettivi che ci fanno voler migliorare qualcosa.[87]

Una terza caratteristica degli obiettivi più efficaci è che devono avere per noi stessi un loro valore ed un loro significato. Si è più portati a perseverare e a raggiungere obiettivi che hanno un proposito di grande interesse, o un'importanza a lungo termine. Amplierò questo concetto nella prossima sezione di questo capitolo.

Una quarta caratteristica è che gli obiettivi devono aiutarci a sperimentare nuove sfide, e così a coinvolgerci in attività prima sconosciute che portino all'aumento delle nostre competenze.

Una quinta caratteristica utile da perseguire è rendere questi obiettivi tra sé armoniosi, ad esempio avere degli obiettivi che si completino l'uno con l'altro. Un esempio di obiettivi complementari è il trascorrere più tempo con i propri figli, e aiutarli ad essere persone migliori diventando noi il modello delle virtù che vorremmo vedere in loro stessi.

Una sesta caratteristica è che gli obiettivi devono essere appropriati a seconda dell'età. Per esempio a 49 anni l'obiettivo può essere finire un triathlon (l'ho fatto), non vincerlo. Le priorità cambiano con il tempo. Prima si elencano i propri obiettivi, e poi si decide quali siano i più importanti da raggiungere a breve, e quali siano invece raggiungibili più in là nella vita.

Si può anche decidere ad un certo momento di rinunciare a qualche obiettivo. A trent'anni, rinunciai al mio obiettivo di fare surf nell'oceano, dopo aver capito che non sapevo domare le enormi onde Hawaiane, anche se ero giovane e in forma smagliante. Bisogna essere anche flessibili quando si cerca di raggiungere un obiettivo. Può essere difficile cambiare una situazione, cioè esercitare quello che si chiama controllo 'primario'. Può essere più facile invece cambiare il modo in cui si vede la situazione, e riallineare gli obiettivi, ovvero esercitare un controllo 'secondario'.

È utile scrivere nero su bianco i propri obiettivi. Che cosa vorresti influenzare di più nel mondo, perché è la cosa per te più importante? Come vorresti essere visto dagli altri? Come vorresti essere ricordato? Controlla periodicamente la lista dei tuoi obiettivi, perché potrebbero cambiare. Alcuni li raggiungi, alcuni li cambi leggermente, ad alcuni non sei più molto interessato come lo eri prima.

È importante dividere gli obiettivi in parti fattibili. Per imparare lo spagnolo si può iniziare con l'iscriversi a delle lezioni. Poi si possono acquistare dei programmi per computer, frequentare le lezioni, e fare i compiti. Si può anche trascorrere del tempo in campagnia di madrelingua. È utile scriverseli, questi obiettivi parziali che portano all'obiettivo finale.

Trovare un compagno o una compagna di vita potrebbe sembrarci all'inizio un obobiettiviettivo semplicemente irraggiungibile. Ma trovare il modo di essere più disponibile verso gli altri, andare fuori più spesso, iscriversi a dei social network (da una classe di ballo al sito match.com), e dire a tutti di voler trovare la compagna di vita, rende tutti questi sotto-obiettivi facilmente raggiungibili.

Può anche essere utile rendere pubblici i tuoi obiettivi. Non soltanto perché la gente può poi aiutarti a raggiungerli. Ma anche perché dire agli altri ciò che stai perseguendo, fa sì che sia più probabile che tu possa raggiungerlo (ad esempio smettere di fumare).[88]

Una volta prefissatisi degli obiettivi, bisogna raggiungerli e completarli al meglio. Ogni volta che pensi, "dovrei fare questo", oppure "dovrei provare a fare quella cosa", e poi non la fai, l'aver lasciato l'azione incompleta ti crea un tormento dentro, impedisce alla tua mente di fare qualsiasi altra cosa, ti fa sentire un po' un fallito. Inoltre ti viene a mancare la sensazione di soddisfazione che viene dal completare un progetto. Sii uno che porta a compimento ciò che inizia. Per me, completare le cose che avevo intenzione di fare aumenta in maniera notevole il mio livello di soddisfazione e quindi di felicità.

Premiare le persone per ciò che a loro già piace fare, può pregiudicarne la contentezza. Può tramutare il 'gioco' in 'lavoro'. Che dare una ricompensa possa essere negativo, può sembrare in un primo momento un controsenso. Ma io lo capisco benissimo. Per esempio, personalmente, questo potrebbe succedermi a proposito dello scrivere. Lo faccio senza aspettarmi di guadagnarci del denaro. Se ci guadagnassi dei soldi, potrebbe diventare un'attività da cui dipendere per la rendita, e forse me ne porterebbe via il divertimento puro che ne derivo. In uno studio scientifico, premiare dei giovani ragazzini che per un'attività che prima era per loro un gioco, tende a fargli abbandonare l'attività.[89]

Non mi soffermo sull'altro lato della medaglia. Ma bisogna considerare almeno brevemente che cosa succede alla gente che non ha degli obiettivi. Queste persone non hanno direzione, nessuna passione da perseguire, nessun incentivo ad agire. Sono di solito persone confuse, smarrite, che non trovano alcuna ragione d'essere. Ogni anno circa 800.000 persone si suicidano. Circa 40 ogni secondo. Molte di queste non hanno più obiettivi, o hanno abbandonato la speranza di raggiungere quelli che si erano prefissati.

Trovare un significato più grande

"Lavorare è amore reso visibile."

Kahlil Gibran

La quarta chiave per la felicità è trovare un significato più grande per ciò che ti piace fare, per la tua missione personale. Un 'significato più grande' vuol dire sentirsi di appartenere a qualcosa di più grande di noi stessi. Avere una carriera di successo significa semplicemente che hai trovato un modo di giocare per il quale gli altri sono pronti a pagare, perché è importante.

La maggior parte della gente trova questo significato nel suo lavoro. Il lavoro spesso ci richiede di usare le nostre forze al massimo della nostra capacità, usando le nostre abilità con tanta concentrazione da arrivare spesso al *flow*, con obiettivi chiari e l'opportunità del riconoscimento. Non deve sorprenderci il fatto che di solito ci si senta più impegnati al lavoro che a casa, dove delle attività in fondo piacevoli spesso non portano alla felicità, ma solo ad emozioni positive di breve durata.

Trascorriamo la maggior parte della giornata al lavoro. Innumerevoli studi hanno dimostrato che essere soddisfatti del proprio lavoro rende le persone più felici. Chi si alza di mattina prima e più felice: colui che ha un proposito in mente, o colui che non ha uno scopo? È anche vero che, se da un lato avere un buon lavoro aumenta la felicità, il rapporto esiste anche dalla felicità al buon lavoro, nel senso che le persone più felici tendono a trarre maggior godimento dal loro lavoro. Questa è la differenza tra avere un lavoro, una carriera, o una vocazione.[90]

Le vocazioni sono tradizionalmente quelle di preti, medici, scienziati, giudici.[91] Fare il sacerdote è spesso l'occupazione associata al livello più alto di felicità, probabilmente proprio perché è di solito una vocazione, non soltanto un lavoro. Molto interessante è il fatto che le professioni di cui ci si fida di più negli Stati Uniti sono quella del medico prima di tutte, e poi al secondo posto quella dell'insegnante.[92]

Dal momento che sono medico, specialista in medicina materno-fetale per le gravidanze ad alto rischio, lasciatemi esplorare questo mestiere in dettaglio. La medicina non è un lavoro, per il quale ti impegni semplicemente perché il tuo contratto o il tuo superiore lo richiede. Né l'essere medico può considerarsi una carriera, in cui lavori per gli aumenti di stipendio e forse per dei riconoscimenti professionali. In una carriera, quando le promozioni e gli aumenti di stipendio si fermano, comincia l'alienazione. La medicina è, e dovrebbe essere, una missione.

Per me, l'ostetricia, che implica l'aiutare le donne ad avere una gravidanza priva di complicanze e dei neonati sani, è una missione. Io trascorro tempo con donne che sono o vogliono avere un figlio, che credono nella vita, che creano una nuova vita. Mi occupo in particolare di gravidanze ad alto rischio, in cui la madre o il feto hanno problemi più o meno gravi.

Continuerei decisamente a lavorare per migliorare la salute delle donne incinte e dei loro bambini anche se dovessi farlo gratis. Molte volte ho pensato che pagherei anche per continuare a divertirmi a fare quello che faccio al lavoro. Sono fortunato perché ciò che mi piace fare coincide con il salvare vite umane, con il migliorare la salute delle persone, perciò coincide con qualcosa che è di grande valore per gli altri e per la società, oltre che con qualcosa che suscita rispetto da parte del prossimo.

Chi lavora in sanità ha un effetto diretto non solo sui propri pazienti, ma può fare anche la differenza in tutto il mondo. Posso condizionare il destino di 130 milioni di nascite nel mondo all'anno. Contribuendo alla ricerca e alle linee guida per la gestione dei disturbi della gravidanza, posso influenzare centinaia di milioni di vite. Ogni anno nel mondo muoiono ancora più di 270.000 madri in gravidanza. Questo numero era più di 500.000 solo poco anni fa. Milioni di bambini muoiono ogni anno prima di compiere il loro primo anno di età, ma anche questo numero è sceso significativamente negli ultimi anni.

Dal momento che il mio focus professionale è anche la prevenzione di parti prematuri, cioè cercare di evitare che il bambino nasca troppo presto e perciò rischi complicanze potenzialmente letali, sono felice di segnalarvi che l'incidenza dei parti prematuri è diminuita di oltre il 10% negli ultimi 5 anni negli Stati Uniti e sta diminuendo anche globalmente. Non sono così esaltato e immodesto da pensare che sia tutto a causa dei miei sforzi, ma mi piace pensare che un pochino ho contribuito anch'io. Uno scienziato medico può influenzare la gestione globale di qualsiasi malattia su cui fa ricerca. La responsabilità è enorme.

I medici sono un esempio semplice, lampante. Ma, come abbiamo visto, qualsiasi attività professionale può essere percepita come di grande significato. Persino i bidelli o i portantini o gli addetti all'immondizia quando vedono che il loro lavoro può migliorare la vita di altre persone, possono considerare il loro lavoro come una missione. Anche la pulizia del vomito o delle padelle in ospedale può essere associata con la gratificazione e la felicità, se gli addetti a queste mansioni si identificano come parte del team che sta guarendo i pazienti.[93]

Un terzo dei segretari e delle segretarie considera la loro occupazione come un lavoro, un terzo come una carriera, e un altro terzo come una vocazione, a seconda di quale significato potenziale danno a quello che fanno, anche se fanno tutti la stessa attività. Dovremmo tutti riscrivere le mansioni del nostro lavoro, in modo da evidenziarne gli aspetti che ce ne fanno capire l'importanza, in senso più alto.

Quanto più saremo in grado di allineare i nostri compiti quotidiani con la nostra visione e missione personale di vita, tante più probabilità avremo di percepire il nostro lavoro come una vocazione, e quindi tanto più felici saremo. Il modo più veloce per alienare un dipendente è dirgli che il suo lavoro è importante solo per il suo stipendio.[94]

Far bene vuol dire fare un lavoro di alta qualità che è di beneficio per gli altri. Far bene è avere successo nella propria professione, e riceverne di conseguenza delle ricompense. Quando il far bene porta anche a far del bene, ne consegue la felicità.[95]

Al contrario, gli avvocati, nonostante il fatto che guadagnino più soldi (almeno negli USA) rispetto a qualsiasi altra professione, sono i più infelici.[96] Il loro mondo è pieno di matrimoni falliti, criminali, furti, sotterfugi. Gli avvocati hanno bisogno di essere aggressivi, giustizialisti, ed emotivamente distaccati. Hanno un alto livello di stress. Soffrono di depressione 3,6 volte di più rispetto alla media delle altre professioni,[97] e di altri problemi di salute mentale.

Ovviamente si può trovare un significato importante anche in un'attività che non sia la propria occupazione. Einstein fece le sue scoperte più importanti mentre lavorava come impiegato in un ufficio brevetti. Gregor Mendel fece i suoi famosi esperimenti di genetica come hobby. Di solito diamo del nostro meglio quando possiamo avere più tempo ininterrotto per ciò che preferiamo fare più di tutto.

Per cercare di dare un significato più grande ai nostri obiettivi, può aiutare sforzarsi ad aspirare a grandi cose. Le più grandi scoperte scientifiche furono fatte da giovani che osarono ciò che sembrava impossibile per i loro tempi. Einstein scoprì la teoria della relatività quando aveva 25 anni. DeBakey inventò la pompa per il cuore artificiale a 23 anni. Watson scoprì la struttura del DNA a 24 anni. Questa lista potrebbe continuare per un bel po' di pagine.

Tuttavia, sognare in grande è qualcosa che può essere fatto a qualsiasi età, e in effetti dovrebbe essere un'attività permanente. La macchina cuore-polmone, che consente tutt'oggi di salvare ancora migliaia di vite all'anno, è stata utilizzata con successo la prima volta alla Thomas Jefferson University di Philadelphia, dove lavoro, dal dottor John Gibbon, che aveva 50 anni. Assaporate il difficile. E non abbiate paura: se non volete commettere errori, non farete nulla.

Quindi una vita significativa è quella che mira a qualcosa di più grande di noi. Un altro vantaggio di questa ricerca di una missione importante nella vita è che può aiutare a farci sentire più vicini al nostro prossimo. Ed anche, per alcuni di noi, più vicini a un essere superiore.

Come adolescenti e poi giovani adulti, gli uomini spendono tanto tempo a pensare e poi alla fine a decidere su due scelte: compagno di vita, e tipo di lavoro. In questo ordine. Penso che queste due siano le decisioni più importanti della nostra vita. La ricerca sulla felicità conferma che le interazioni sociali e la capacità di arrivare al *flow* facendo qualcosa che ci piace fare, sono due chiavi di primaria importanza per raggiungere il benessere.

È interessante notare come in questo caso gli scienziati hanno paragonato noi esseri umani alle piante. Come le piante hanno bisogno del suolo, del sole e dell'acqua per crescere, gli esseri umani hanno bisogno di due ingredienti principali, a parte i loro bisogni fisiologici: l'amore e il lavoro. Quando a Freud fu chiesto che cosa una persona normale dovrebbe essere in grado di fare bene, disse: "Amore e lavoro".[98] Lev Tolstoj scrisse: "Si può vivere magnificamente in questo mondo, se uno sa come lavorare e come amare, come lavorare per la persona che si ama e come amare il proprio lavoro".[99]

Lavorare sodo

"La felicità non è solo uno stato d'animo - si tratta di un'etica di lavoro".
Shawn Achor

La quinta chiave per raggiungere la felicità è lavorare sodo. Alcuni esperti sulla felicità hanno chiamato questo fattore 'impegno', per descrivere l'essere assorbiti in un'attività piacevole ma impegnativa.[100] Quando si sta facendo ciò che si ama fare, lo si vuole fare al meglio delle proprie possibilità.

Grandi uomini d'azione non cercano di compiacere un genitore sgradevole; cercano invece di soddisfare una curiosità che gli brucia dentro. Questa chiave per la felicità può includere l'aver voglia di vincere, per raggiungere l'obiettivo per primo o per battere la concorrenza, ma l'entusiasmo è uno spirito competitivo sano. Ci si impegna volontariamente.

Le persone di successo che ammiriamo sono spesso quelle che hanno lavorato più duramente, come per la famosa regola delle 10 mila ore di Malcolm Gladwell.[101] La pratica è un mezzo per ottenere la libertà e per sviluppare il talento. Pensate ai Beatles. Suonavano per otto ore di fila, in Germania, ogni giorno, quando erano ancora una giovane band di sconosciuti di Liverpool. Pensate a Michael Jordan. Pensate a Roger Federer. Pensate a Beethoven. Si sono dedicati costantemente e completamente al loro mestiere. Si sono impegnati tutta la vita a esercitarsi e a migliorarsi continuamente.

Chiaramente, questi artisti hanno cominciato col fare ciò che gli piaceva. Alcuni di loro praticavano forme attive di svago, dal momento che 'lavorare duro' non significa esclusivamente 'riguardo a qualcosa legato alla propria occupazione'. Hanno iniziato a giocare con il solo scopo di divertirsi. Sono arrivati ad un certo punto al *flow*. Amavano la loro musica, il loro sport, la loro attività, e la praticavano con gioia, costantemente, volontariamente. Poi cominciavano a ricevere delle lodi, e ciò li stimolava ad esercitarsi e migliorare sempre di più. Tutto questo poi li rendeva col tempo maestri nel loro campo, fatto che porta al riconoscimento, che a sua volta porta alla felicità.

Non importa quanto talento si ha, bisogna impegnarsi per anni per eccellere. Uno dei miei motti preferiti è: "Più lavoro sodo, più divento fortunato". Ha funzionato tutta la mia vita. Emulate i migliori, quelli che s'impegnano più a fondo per la loro felicità. La concorrenza è una buona cosa. Quando sei con i migliori, questo ti spinge a migliorarti.

Una delle chiavi per essere felici è quella di saper subire una sconfitta, ma senza mai perdersi d'animo. Negli Stati Uniti i voti vanno dalla A, il voto migliore, alla F, bocciato. Ho ricevuto il primo B della mia vita il primo anno di medicina. Fu un brusco risveglio. Capii chiaramente che non ero il più intelligente di tutti. Che per quanto mi impegnassi, altri erano più bravi di me a fare quei test. Non potevo fare tutto da solo. Avrei avuto bisogno nella vita di lavorare con gli altri, in un team di eccellenze, per rimanere all'apice. Non mi diedi per vinto, anche se avevo capito che da solo avrei perso la battaglia. Ma che l'avrei vinta lo stesso continuandomi ad impegnare e associandomi ad altri altrettando innamorati della medicina.

Una prova di grande impegno, e una dimostrazione lampante di come raggiungere con il supporto di una grande squadra uno scopo che poteva sembrare inizialmente irraggiungibile, è stato il momento in cui ho visto i miei primi testi di medicina pubblicati, e poi venduti. La sensazione di padronanza della materia ci spinge a voler fare sempre di più. Si diventa automotivati. Non hai bisogno di motivazioni esterne, da parte dei genitori, partner, colleghi, amici. La motivazione viene dalla propria consapevolezza che dedicarsi con grande impegno a qualcosa in cui si è bravi - la propria forza - porta numerosi benefici, per sé stessi molto importanti. Alla gente piace fare quello che sa fare bene.

Dalla padronanza della materia deriva anche ottimismo. L'ottimismo è la tendenza a credere che ci sia sempre una possibile soluzione, che ci sia sempre speranza, non importa quanto le cose siano o sembrino difficili. Le persone che danno spiegazioni permanenti e universali agli eventi positivi sono più felici. Faccio un esempio. Quando un figlio va bene a scuola, si può credere o che il figlio sia intelligente – spiegazione permanente – o che il figlio sia in una scuola facile – spiegazione temporanea. Allo stesso tempo, ne deriva che quelli che invece danno spiegazioni temporanee e specifiche agli eventi negativi si riprendono più facilmente dalle battute d'arresto.[102] Credere di aver fatto male qualcosa perché si è stupidi crea solo depressione e toglie voglia di fare.

Credere che si è fatto male perché magari quel giorno non ci si è impegnati abbastanza dà speranza per il futuro. In uno studio scientifico, agenti con uno 'stile esplicativo' ottimistico, come questo spirito positivo si chiama, hanno venduto il 37% in più di polizze assicurative rispetto a colleghi pessimisti. L'ottimismo, che può essere appreso, predice i risultati degli studenti alle scuole superiori, delle reclute in accademia militare, degli atleti nello sport, e dei pazienti dopo interventi alle coronarie.[103]

Cosa succede una volta che l'obiettivo è stato raggiunto? Vi sentirete un po' tristi. Ho avuto questa sensazione quando sono diventato professore ordinario, quando sono diventato Presidente della Society for Maternal Fetal Medicine (SMFM). Pensi: "Evviva! Fantastico!" E subito dopo: "Allora, adesso cosa faccio?"

Quando si tratta di perseguire un obiettivo, è davvero il viaggio che conta, non la destinazione. La felicità deriva più dal fare progressi verso l'obiettivo, che dal realizzarlo. Quasi quasi non voglio arrivare alla fine della stesura di questo libro, dal momento che mi piace così tanto scriverlo. Shakespeare ha detto: "Le cose vinte sono conquistate; l'anima della gioia sta nell'impegno a fare".[104] Non dimenticare di celebrare gli scopi raggiunti, e di goderne. Col tempo, svilupperai nuovi obiettivi.

Riconoscimenti

"Tu non solo hai fatto meglio di me nella vita. Mi hai lasciato nella polvere da quanto hai fatto bene".

Andrea Berghella (mio padre)

La sesta e ultima chiave per la felicità è il riconoscimento. È stata anche chiamata 'realizzazione',[105] in quanto si tratta di aver realizzato degli obiettivi tangibili. È 'la pacca sulla spalla'. È la sensazione di essere stimati dagli altri, in particolare da quelli che più rispettiamo. La maggior parte degli adulti ricorda una maestra che li ha ispirati a fare un buon compito, al cui parere tenevano veramente, che ha elogiato l'alunno nei momenti giusti per i suoi comportamenti corretti e per i suoi successi.

Dare responsabilità a una persona la legittima. Una volta che sai che il tuo compito, le tue azioni, importano alle persone che per te contano, allora quello che fai diventa più edificante per te. Tutto ciò ha un'altra conseguenza importante. Ti senti più strettamente legato alle persone che ti hanno lodato. Questo riconoscimento costruisce un ponte che va dalle tue abilità per ritornare ai legami sociali.

Personalmente, diventare medico mi ha permesso di essere apprezzato da persone che ammiravo molto. Tutto è iniziato probabilmente grazie a mio padre, e in seguito grazie ai miei mentori. Quando impari a fare qualcosa bene, e qualcun altro valuta molto i risultati che ne conseguono, non solo provi un senso di orgoglio personale, ma hai anche la sensazione di essere in qualche modo legato con la persona che stimi e che ora riconosce il merito di quello che hai fatto. Ti senti più fortemente legato all'intero team e alla professione.

Nel mio caso, come medico ti senti connesso al paziente che hai seguito con perizia e compassione: non potrà mai dimenticarti. Hai la sua gratitudine per sempre. Ho ricevuto, e conservato, centinaia di bigliettini di 'ringraziamento'. Il riconoscimento è la conferma che ciò che si sta facendo ha un valore. La riconoscenza ricevuta a sua volta ci motiva a voler fare di più.

Provo anche un senso di vincolo con tutti i miei colleghi ostetrici-ginecologi, e con tutti i 130 milioni di donne che ogni anno hanno una gravidanza. Il miglior riconoscimento di tutti è personale: la sensazione che hai realizzato un obiettivo personale, uno per te importante, a cui ambivi da tempo, e che è stato difficile raggiungere.

È interessante notare che, a questo punto della mia carriera, i miei colleghi ed io giudichiamo il nostro successo professionale da quanto contribuiamo al successo dei nostri giovani colleghi. Il professore che meglio favorisce il successo scolastico dei suoi allievi ottiene la massima stima dagli altri. Nella mia professione, il successo è l'aver aiutato a primeggiare il più alto numero di studenti di qualità, facilitandoli a trovare e poi a utilizzare i propri punti di forza.

Naturalmente bisogna evitare che il riconoscimento degli altri, la loro stima, ti renda presuntuoso. Me lo ricorda ogni mercoledì sera mia moglie, quando mi chiede di portare fuori la spazzatura. Noi medici ci sentiamo a volte sovrumani, non a causa delle nostre abilità, ma a causa del privilegio che abbiamo di aiutare gli altri. Famiglia e amici debbono aiutarci a tornare alla realtà. Ringrazio Paola per essere il miglior co-pilota che potessi mai avere.

Altre attività intenzionali associate con la felicità

La gente non si rende conto di ciò che la rende felice. Per esempio si trasferisce in California o in Florida perché il clima è più mite, ma non si ritrova più felice di quanto fosse prima. Si compra la Ferrari, ma presto dopo pochi giorni torna al livello di felicità pre-Ferrari. Cambia lavoro per guadagnare di più, solo per rendersi conto più in là che odia il nuovo impiego. Con l'aumentare del reddito, ci si abitua a standard di vita sempre più alti, e presto si sente nuovamente bisogno di più soldi per condurre una 'bella' vita.

Negli ultimi decenni, la ricerca scientifica ha provato la falsità di comuni miti come questi, la bella macchina, il sole e il mare. Recenti scoperte hanno rivelato altre attività associate in modo significativo con il livello di felicità, attività che possiamo in qualche modo influenzare. Molti dei dati che sono venuti fuori danno risultati simili, riproducibili.

Per esempio, la ricerca di John Robinson e Steve Martin ha rivelato che i fattori che danno la felicità includono socializzare con i propri cari, socializzare con gli amici, lavorare, fare sesso, andare ad una cerimonia religiosa e leggere il quotidiano. Secondo altri, i sei fattori più importanti associati alla felicità sono le relazioni sociali, il matrimonio, un impiego, la percezione di essere in buona salute, la religione e la qualità del governo.[106] Altri elencano chiavi per la felicità come il lavoro, la fiducia, gli interessi sociali, la fede, l'essere sposato e un welfare state stabile.

Per i nostri proposti, penso sia essenziale descrivere accuratamente questi fattori maggiormente associati alla felicità. I sei più importanti li abbiamo già descritti in dettaglio nel capitolo precedente. In questo altro gruppo di fattori elenco prima quelli che possono essere influenzati maggiormente dalle nostre scelte - ad esempio il matrimonio - rispetto a quelli su cui abbiamo poca o anche meno influenza, ad esempio la qualità del nostro governo.

Il Piacere

I piaceri sono godimenti sensoriali con componenti emozionali.[107] Toccare qualcosa di soffice, odorare un buon profumo, gustare dei cibi, fare un bagno caldo, ballare, guardare un bellissimo panorama (o un bell'uomo), ascoltare la propria musica preferita, avere un orgasmo, sono tutti piaceri.

I piaceri hanno in genere vita breve; ci danno una sensazione positiva e poi scompaiono rapidamente. Ci adattiamo velocemente ai piaceri. Il primo assaggio di un gelato alla vaniglia è il migliore. Il quarto assaggio già ti dà l'idea delle calorie.

La sorpresa può aiutare a rendere il piacere più soddisfacente. Per evitare l'adattamento, può essere di beneficio la distanza: avere sesso continuamente può rendere questa esperienza, che è tra le più piacevoli, meno emozionante.

Troppo gelato troppo spesso può portare alla nausea. Assapora i tuoi piaceri, lentamente, e ad intermittenza. La varietà è la spezia nella vita.

L'effetto del piacere può essere interpretato molto diversamente da persona a persona. In uno dei suoi film, descrivendo la frequenza del sesso con la sua partner, Woody Allen afferma con tristezza: "Lo facciamo raramente, 3 volte a settimana". Mentre parlando con un'amica, la sua amante Diane Keaton quasi con disgusto sbotta: "Lo facciamo costantemente, 3 volte alla settimana".

I piaceri sono basati sui sensi e sulle emozioni. È importante distinguerli dalle gratificazioni, che derivano dalle nostre capacità e virtù personali. Il piacere si raggiunge di solito facilmente, e non richiede molto sforzo e motivazione. La gratifica spesso invece richiede lavoro e impegno.

Ecco perché ci riesce più facile sederci di fronte alla tv, invece di leggere il nostro libro preferito o di dedicarci a una conversazione impegnata. Non ci rendiamo conto che queste due ultime attività sebbene inizialmente più esigenti ci gratificano, e ci garantiscono un benessere che dura a lungo. Si tende invece a scegliere degli obiettivi a breve termine, dimenticando che la ricompensa maggiore viene da godimenti a lungo termine. Inoltre, i piaceri di solito non ci fanno saggi o migliori. Le gratificazioni invece ci aiutano ad imparare, a migliorare e a realizzarci.

Matrimonio

Chi si sposa potrebbe prima di tutto essere più felice. Le persone felici si sposano prima, e rimangono sposate più a lungo, rispetto a persone meno felici, dal momento che i felici probabilmente sono più desiderabili come partners, ed è più facile viverci come coniugi.[108] Ma è anche vero che il matrimonio e il corteggiamento che porta al matrimonio spesso producono un aumento significativo del benessere.[109,110]

L'aumento del livello di felicità dato dal matrimonio va, a seconda degli studi, da modesto ad alto. In base a dati provenienti da sedici nazioni, il 25% delle persone sposate e il 21% dei single si descrive come 'molto felice'.[111,112] In un altro studio, il 40% degli adulti sposati si descrive come 'molto felice', rispetto al 23% dei non-sposati.[113] Se il rapporto funziona, "ci sono pochi fattori predittivi della felicità più forti che la compagnia del tuo patner, quando questo è anche il tuo miglior amico, ti è vicino, posato, e si cura di te per tutta la vita".[114]

Alcune ricerche hanno trovato che l'aumento del livello di felicità associato con il matrimonio può essere di breve durata. Il senso di benessere tende a ritornare ai livelli prematrimoniali entro 2 o 3 anni,[115] o fino a 5 o 6 anni.[116] Il picco della felicità dato da un/una nuovo/a partner sembra essere raggiunto nei primi 18-24 mesi.

L'amore 'passionale' non si trasforma in amore 'compassionevole'. Sono due cose diverse. Non sposatevi nei primi 6-18 mesi iniziali di un rapporto, quelli dell'amore passionale, perchè questo tipo di amore finisce sempre, non importa quanto 'bravo' sia il vostro partner. Sposatevi, se volete, per amore compassionevole, che subentra dopo i 18 mesi – se siete bravi e fortunati. L'amore compassionevole vuol dire che siete arrivati al uno stato in cui vi conoscete bene, vi fidate l'uno dell'altro, e volete veramente continuare a crescere insieme e a condividere la vita come compagni di un'unica squadra.

Ci sono modi per far sì che la spinta alla felicità che viene dal matrimonio duri più a lungo. Impegnati ad essere il miglior partner possibile. Non prendere il partner per scontato. Di' spesso: "Ti amo". Interessati attivamente alla vita e alle esigenze dell'altro. Mostra il tuo affetto con piccole e grandi premure giornaliere.[117] Devi crederci, e devi dedicare anima e cuore al rapporto che hai scelto.

Molti si preoccupano delle esigenze dovute al dover mantenere l'altro felice, o al dover scendere a compromessi. Ma nel complesso, bilanciando gli impegni contro i vantaggi ottenuti, soprattutto l'aver acquisito un co-pilota fidato e stimato, l'ago pende sicuramente verso la felicità.

La felicità duratura non sta nello sposarsi in sé e per sé, ma nel rimanere felicemente sposato. Questa è la parte difficile. Ad esempio, c'è un conflitto tra l'Es (Id) che guarda un'altra ragazza (o ragazzo) e vuole andare a letto con lei/lui, e l'Io (Ego) che sa che hai un rapporto meraviglioso con il tuo partner. Il Super-Io (Super-Ego) ci ricorda di non tradire il partner, ma a volte senza successo.

Fare consulenze pre-matrimoniali per assicurarsi che i partners siano compatibili, e quindi comprendere le chiavi per una relazione di successo con il partner per la vita, potrebbe certamente essere un modo per aumentare la felicità non solo individuale, ma anche sociale. Nel complesso, le coppie più felici sono quelle con partner positivi, ottimisti, in grado di vedere i lati favorevoli della relazione, e di concentrarsi sui punti di forza, piuttosto che sulle debolezze, dell'altro partner. Sono quelle che cercano di vedere qualcosa di buono persino nelle imperfezioni del proprio compagno. L'attore Robin Williams, nel film *Good Will Hunting*, ha dichiarato che una delle cose della moglie, morta anni prima, di cui aveva più' nostalgia era il fatto che lei scoreggiava a letto. La scienza dimostra che questo tipo di ragionamento è profondamente costruttivo.

La fine del matrimonio porta spesso ad infelicità.[118] Su una scala di 100 punti, 5-8 punti si perdono per la separazione e/o il divorzio, con un effetto che dura quasi 10 anni.[119]

Forse uno degli effetti migliori del matrimonio (di solito di un matrimonio felice) riguarda la felicità che si può dare ai figli. In vari studi, anche controllando variabili come reddito, istruzione e altri fattori, i bambini che crescono in una famiglia con due genitori sposati hanno sempre un rendimento scolastico migliore, un minor numero di problemi emotivi e comportamentali, meno uso di droga, meno attività criminali, e un numero minore di parti pre-matrimoniali.[120]

In un altro studio, facendo un paragone con bambini che hanno altre modalità di famiglia, i figli di adulti sposati che vivono insieme:[121]

• ottengono voti migliori a scuola;

• la media delle bocciature diminuisce di una percentuale compresa tra un terzo e la metà;

• vengono curati un terzo in meno per disturbi emotivi;

• sono meno depressi;

• hanno esperienze sessuali meno precoci;

• hanno atteggiamenti più positivi verso i potenziali partner;

• sono più interessati a relazioni a lungo termine.

Impiego

Essere soddisfatti del proprio lavoro rende le persone più felici, come è dimostrato in innumerevoli studi.[122-124] La fiducia nei propri dirigenti ha un grande effetto sulla felicità, molto di più che il reddito.[125] È anche vero che, se da un lato un buon lavoro aumenta la felicità, esiste anche una relazione che va dalla felicità al buon lavoro, dal momento che le persone felici di solito ottengono più gioia dal proprio lavoro.[126]

La maggior parte delle persone considerano il proprio lavoro più piacevole che spiacevole.[127,128] Quelli che vedono il loro lavoro come una vocazione considerano quello che fanno appagante e socialmente utile. Non lavorano per soldi o per carriera, ma per volontà propria.

Come abbiamo già visto, insegnanti, medici, infermieri, scienziati, artisti, ed altri godono del proprio lavoro, e credono che quello che fanno per 'vivere' renda il mondo un posto migliore. Anche gli addetti alle pulizie ospedaliere, però, se vedono il loro lavoro come capace di portare miglioramenti alla salute e alla felicità degli altri, possono considerarlo una vocazione e, quindi, sentirsi felici professionalmente.[129]

Una vocazione è la forma più soddisfacente di lavoro perché, essendo gratificante, si fa volentieri, di per se stessa, piuttosto che per eventuali benefici materiali che possano derivarne. Godersi lo stato di benessere che accompagna la nostra 'missione' professionale dovrebbe diventare il motivo principale per lavorare.

È interessante il fatto che, se si trova un qualcosa nel proprio mestiere per cui vale personalmente la pena impegnarsi, la maggior parte delle attività più importanti connesse alla felicità si possano trovare al lavoro.

Nel lavoro si possono trovare anche interazioni sociali di una certa importanza, ma le migliori si trovano soprattutto fuori dal lavoro. Inoltre la maggior parte delle attività di puro piacere non si trova al lavoro.

Per me, l'ostetricia è una professione che porta felicità. Trascorro molta parte della mia giornata con donne incinta, nel pieno della loro giovinezza. Siamo continuamente testimoni della nascita di una nuova vita. Questo evento indimenticabile e sempre commovente rende felice non solo la donna e la sua famiglia, ma anche qualunque altra persona coinvolta. Si viene sopraffatti dalla gioia.

Gli operai che hanno paura di perdere il loro lavoro sono meno felici, hanno più' insonnia, depressione, e un abbassamento della percezione della propria salute.[130] Nonostante ciò, proteggere troppo gli individui da questo rischio rimuove il loro senso di responsabilità professionale, e alla fine indebolisce la vitalità della nazione.[131]

Perdere il proprio lavoro è associato a 6 punti in meno su una scala di 100 punti. Si perde autostima, si ha paura di perdere il rispetto degli altri, si ha una più alta probabilità di suicidio, di depressione e di abuso di droga e alcool.[132] È interessante come l'infelicità degli impiegati licenziati tenda a diminuire se il livello della disoccupazione nella comunità è alto, oppure se anche altri famigliari sono anch'essi senza lavoro.[133] La miseria ama la compagnia.

Dichiarare bancarotta o perdere la propria casa e vivere per strada, sono fattori devastanti per quanto riguarda il livello della felicità, secondi soltanto alla morte di un figlio.[134]

La percezione dello stato di salute

Lo stato di salute che si pensa di avere è un fattore più determinante per la felicità che lo stato di salute quale definito da un medico, in quanto include lo stress, l'isolamento sociale e la depressione.[135] Sono pochi i problemi medici che abbassano significativamente il livello della felicità. Sono il dolore cronico, la depressione, e una malattia fatale, per esempio un cancro.[136]

Altrimenti anche dopo aver perso un braccio o una gamba, o addirittura essere diventati paraplegici, il livello della felicità ritorna entro un anno ai livelli pre-infortunio![137] La stessa paralisi, la cecità o altre condizioni che portano alla perdita di funzioni importanti sembrano essere ostacoli soltanto temporanei. Non sono associati con un livello minore di felicità, a causa della notevole capacità umana di adattarsi alle situazioni più difficili.[138]

Questo è il lato migliore dell'adattamento. Per esempio, chi percepisce come gestibili i propri problemi renali è felice quanto un adulto in buona salute. Anche i pazienti in dialisi, che per sopravvivere devono essere inchiodati per ore, diverse volte alla settimana, ad una macchina, mostrano livelli di felicità paragonabili a quelli di persone sane, quando a caso durante il giorno li si interroga sullo stato d'animo del momento.[139] Questo tipo di dati sono un indicatore eccellente del benessere, perché non sono filtrati dalla memoria. Chiedono il livello della felicità in quel preciso istante.

È risaputo che l'esercizio fisico contribuisce alla felicità. Prima di tutto, aumenta le endorfine, che migliorano l'umore. A lungo, sia nei bambini in età scolare che nelle persone di qualsiasi età, l'esercizio migliora la prontezza, le performance scolastiche e lavorative, la salute, la longevità, e invece diminuisce lo stress, l'ansia, la depressione e l'obesità.[140]

Quando ho finito di nuotare, io sono molto piú felice rispetto a come stavo prima. Mentre da una parte i 40 minuti di nuoto in sé non è che siano divertenti, il conseguente miglioramento del mio stato d'animo è notevole, e persiste per molte ore, con lunghi effetti benefici. Questo è un altro esempio di come ritardare momentaneamente la ricompensa per conseguire una più grande gratificazione in seguito. Relativamente allo stato di salute, mantenere un peso normale mangiando il giusto contribuisce alla felicità. Anche dormire è importante. Passare una notte insonne influenza negativamente il benessere del giorno dopo molto di più che avere pochi soldi.[141]

Altruismo

Agire con gentilezza verso gli altri, trattandoli come vorremmo essere trattati noi, è associato ad un aumento del livello di felicità.[142] In uno studio randomizzato, fu dato del denaro a due gruppi di persone con l'indicazione di spenderlo tutto nelle successive 24 ore. Scommetto che ti piace questo studio, eh? Un gruppo di persone scelto a caso doveva spendere il denaro per se stessi, mentre l'altro gruppo doveva spenderlo per gli altri, per il prossimo. Due giorni più tardi quelli che avevano dato i soldi agli altri testimoniarono di essere significativamente più felici rispetto a coloro che avevano usato il denaro per se stessi.[143]

Anche il volontariato, che è chiaramente un'attività altruistica, è associato con un aumento sostanziale del benessere. È provato che il volontariato rende la gente più felice, e che la gente che è felice fa più volontariato.[144]

Possiamo tutti essere suddivisi in tre categorie di persone, come affermato da Susan Dominus in un interessante articolo del New York Times del 2013 e descritto originariamente da Adam Grant, un professore della Wharton School a Philadelphia. Queste categorie sono i *takers*, cioè quelli che prendono, i *matchers*, cioè quelli che pareggiano, e i *givers*, cioè quelli che donano.

I *takers* vogliono sempre guadagnarci, da qualsiasi interazione, in ogni scambio. La lezione per i *non-takers* è di collaborare, offrire aiuto, fare un favore, quasi a chiunque glielo chieda, eccetto che per i pochi *takers* con cui vengono a contatto.

I *matchers* danno soltanto quando percepiscono che potrebbero ottenere nel futuro qualcosa in ritorno di simile valore, da qualcuno che può aiutarli. Vivono secondo il "*do ut des*".

I *givers* danno senza aspettarsi nessun guadagno come ricompensa. Sono generosi, solo per l'amore del dare. Sono più felici dei *non-givers*. È interessante che i *givers* possono essere dei grandi leader e avere successo, dal momento che il donare stesso li motiva, è il loro compenso. I donatori alla fine vincono, grazie al loro atteggiamento: "Tutto ciò che faccio in qualche modo ha sempre per me un ritorno". Ma attenti, alcuni *givers* possono anche finire come degli zerbini sfruttati e senza meta.

I *givers* di maggior successo sono strategici nel loro donare, per esempio donano ad altri *givers*, o almeno a dei *matchers*. Inoltre consolidano il loro dare in grandi donativi, perché sanno che spesso più i doni sono importanti più producono felicità.

Il successo può anche essere ottenuto aiutando altri a realizzarsi. Il successo dovrebbe essere descritto non solo in base a ciò che si ha, ma ancor più per quello che si è e si fa con i propri doni interiori. Il successo è ciò che fai di te stesso e come usi te stesso per contribuire alla vita degli altri.

Il donare dà come effetto positivo anche l'essere ricordato, ed esserlo in maniera positiva. Visto che uno dei modi di spendere meglio la propria vita consiste nell'impegnarsi per qualcosa che vada al di là della vita stessa, il donare, e perciò l'essere ricordato, è un modo molto efficace di crearsi una vita di successo. Donare (tempo, denaro, ecc.) rende la gente (specialmente il donatore) felice. Andrew Carnegie ha dichiarato: "L'uomo che muore ricco, muore disgraziato".[145] Sii un donatore.

C'è una preghiera buddista, recitata dal Dalai Lama, che dice:

Possa io divenire in ogni momento, ora e sempre,

un protettore per coloro senza protezione,

una guida per coloro che hanno perso la via,

una nave per quanti devono attraversare l'oceano,

un ponte per coloro che devono attraversare i fiumi,

un santuario per quanti sono in pericolo,

una lampada per coloro senza luce,

un rifugio per quanti hanno bisogno di riparo,

un servo per tutti coloro che sono in bisogno.

Questi dati scientifici che provano i vantaggi dell'altruismo ci danno grande speranza per un futuro migliore. Se seguiamo ciò che gli studi hanno dimostrato, per essere felici faremo di più per gli altri, e ne trarremo soddisfazione. Spero vivamente che seguendo questi principi miglioreremo non solo noi stessi come individui, ma il mondo intero.

La capacità di fronteggiare le avversità

La gente ha bisogno di avversità, di ostacoli o almeno di sfide per raggiungere i livelli più alti di soddisfazione, di forza e di sviluppo personale.[146] Questi benefici si chiamano 'crescita post-traumatica'.[147]

Decenni di ricerca hanno provato che l'affrontare una sfida ed essere capace di fare un salto di qualità grazie alle difficoltà superate, è ciò che svela le nostre qualità nascoste. Il diventare cosciente di queste abilità sconosciute, aumenta la fiducia in se stessi, e genera forza interiore ed emozioni positive. Dopo un trauma, la gente in generale si rende conto che è più forte di quanto pensasse. "La sofferenza produce resistenza, la resistenza produce carattere, e il carattere produce speranza".[148]

Inoltre, l'attraversare avversità come il cancro, la violenza carnale, un incendio, o un uragano, spesso rivela la forza del nostro gruppo sociale di sostegno. Nell'occasione la famiglia e gli amici si fanno avanti e ci aiutano, facendoci sentire il loro amore e stimolando in ritorno la nostra gratitudine.

Infine, dopo un trauma spesso le nostre priorità e i nostri obiettivi cambiano. Adottiamo una filosofia di vita diversa. Questi punti di svolta aiutano a farci rendere conto dei veri obiettivi della nostra vita. Ci si allontana dal materialismo e ci si impegna di più ad amare gli altri e a rafforzare le nostre relazioni col prossimo.[149] Spesso si decide di dedicarsi meno al lavoro e più alla propria vocazione, alla attività che preferiamo.

Nelle avversità, chi più si confida con gli amici e con il suo gruppo di sostegno meno subisce effetti dannosi sulla propria salute.[150] Togliti quel peso sullo stomaco. Condividi il tuo dolore, le difficoltà, lo stress, con gli altri. Ti aiuterà a dare un senso all'evento negativo, e a sviluppare un'intimità più profonda con il tuo prossimo, cosa che genera la tua crescita come persona.

Durante l'università di medicina, mi sono reso conto che per quanto studiassi come un matto c'era quasi sempre qualcuno che prendeva voti migliori, anche studiando meno di me. Ciò mi ha insegnato una lezione, di sicuro. Non ero più il migliore o l'invincibile, come lo ero stato forse alle elementari, alle medie, al liceo e anche al college. Ma presto ho anche capito che se avessi fatto costantemente bene quello che mi piaceva, potevo sempre far bene, che non significa essere sempre il primo.

A volte è importante solo partecipare, essere simpatici, ed crearsi delle opportunità. Ho imparato che è importante essere capace di subire una sconfitta, senza mai perdersi d'animo. Tanti dei miei manoscritti scientifici sono stati inizialmente rifiutati dalle riveste scientifiche. A volte ho avuto finanziamenti negati. Ma ciò mi ha reso migliore di quello che ero. In seguito sono stato capace di migliorare quel particolare progetto di ricerca, di ottenere dei premi monetari più grandi, impegnandomi in cose in cui credevo profondamente.

Religione

Avere fede è associato ad un aumento di 3,5 punti su una scala di 100 punti di felicità.[151] Il 41% degli americani con una 'forte' religiosità, sono 'molto felici', mentre solo il 31% degli americani che sono solo 'in qualche modo' o 'non tanto' religiosi sono 'molto felici'.[152] La gente che ha una fede profonda tende ad avere una vita ed una salute migliori, ed è anche meno portata a commettere crimini, divorziarsi, o uccidersi.[153]

Ci sono diversi motivi che rendono l'essere religioso un fattore che porta felicità. Questi hanno a che fare con ciò che implica l'essere religioso. Innanzitutto il credo religioso aggiunge un senso alla nostra esistenza. Le persone di fede danno alla vita e al lavoro uno scopo ed un significato che li rende rilevanti.

In secondo luogo la religione può anche essere un surrogato

dell'essere altruista e dell'aiutare gli altri. L'essere religioso spesso coinvolge il fatto di essere impegnati volontariamente ad opere di carità, e a servizi alla comunità, che sono tutte attività associate alla felicità. La gente più felice tende a fare di più per gli altri e a ottenere soddisfazione da tutto ciò.

Un terzo motivo, altrettanto importante, è che l'andare in chiesa, ed essere coinvolti in attività religiose, significa anche che queste persone hanno profonde relazioni sociali che, come abbiamo visto, sono la chiave numero uno per creare felicità.

La qualità del governo

Molti aspetti della qualità del governo dello stato in cui una persona risiede possono avere un impatto significativo sulla felicità personale. Questo elemento può essere un pochino meno controllato rispetto a quelli che abbiamo analizzato finora, ma possiamo comunque influenzarlo, lasciandoci coinvolgere dalla politica o almeno nelle attività della comunità, votando, o traslocando in un paese con un governo migliore.

Un buon governo rende la gente felice. Ma, anche di più, la gente felice può avere un grade effetto sulla qualità del proprio governo.[154] Possiamo avere un impatto importante sull'ambiente che ci circonda.

Vivere in una democrazia che garantisca libertà personali è associato alla felicità. Secondo un recente studio, in uno stato l'elemento più potente riguardo alla crescita della felicità nella popolazione è la libertà.[155] Tutti i paesi più felici sono delle democrazie da più di 80 anni.

L'osservanza delle regole della legge, agenzie governative efficienti, un basso livello di violenza e di corruzione, un alto grado di fiducia nei pubblici ufficiali (specie la polizia), la tolleranza dei gruppi minoritari, sono tutti fattori associati alla felicità. Più c'è tolleranza di omosessuali e delle altre minoranze, più aumenta la felicità nazionale.[156] Sfortunatamente, ciò spiega il motivo per cui l'Italia sia al 45° posto per livello di felicità.

Ci sono molte agenzie che paragonano i Paesi in termini di 'felicità'. Il 'Legatum Prosperity Index' si basa su uno studio di 142 Paesi che comprende il 96% della popolazione globale. Le nazioni sono analizzate e selezionate secondo 89 indicatori in 8 categorie, quali l'istruzione, il governo, e l'economia. Il PIL pro capite – principalmente la ricchezza di una nazione - è un fattore nell'index, ma il punto più importante nella ricerca fatta dal Legatum è guardare, oltre a tale semplice misura, a tutte le migliaia di elementi che portano al benessere e alla prosperità. In generale, i paesi più felici godono di istituzioni stabili, di una società civile forte con libertà di espressione, di buona istruzione e servizi sanitari, di libertà personale e della sensazione di essere al sicuro. Ecco il ranking del 2013:

1. Norvegia

2. Danimarca

3. Svezia

4. Australia

5. Nuova Zelanda

6. Canada

7. Finlandia

8. Olanda

9. Svizzera

10. Irlanda

11. Lussemburgo

12. Stati Uniti

Nel World Happiness Report (Rapporto sulla Felicità nel Mondo) del 2013, in cui sono elencati 153 paesi per livello di felicità, i migliori cinque sono Danimarca, Norvegia, Svizzera, Olanda e Svezia.[157] Non importa quali siano le istituzioni che fanno questa indagine, e perfino quali fattori siano esaminati: i paesi scandinavi risultano sempre in cima alla lista.

I norvegesi, per esempio, hanno un PIL pro-capite sbalorditivo di $57.000 all'anno, ed il secondo livello di soddisfazione più alto rispetto al loro standard di vita. Il 95% di loro afferma di essere soddisfatto della libertà di scegliere la direzione della loro vita. Un impareggiabile 74% sostiene di potersi fidare del prossimo. Se si guarda la lista sopra, è chiaro che il clima non ha niente a che fare con la felicità.

Le variabili responsabili per più del 75% delle differenze internazionali nelle valutazioni della vita media, secondo il Rapporto sulla

Felicità nel Mondo, sono, in ordine di importanza, il sostegno sociale (avere qualcuno su cui contare nei momenti difficili), il PIL pro capite, gli anni di aspettativa di vita in buona salute, la libertà di fare scelte personali per la propria vita, la prevalenza della generosità, e la percezione della corruzione.[158]

Questi fattori fanno riferimento a quattro elementi: il sociale, l'economico, lo psicologico e l'etico. Il sostegno sociale fa riferimento al sociale, il PIL pro capite all'economico, gli anni di aspettativa di vita in salute a quello psicologico ed economico, la libertà di fare scelte per la propria vita a tutti e quattro, la prevalenza della generosità all'etica, e la percezione della corruzione agli elementi sia sociale che etico.[159]

Per gli Stati Uniti, per esempio, l'aumento del reddito personale negli ultimi dieci anni non controbilancia perdite maggiori riguardo il capitale sociale, con conseguente slittamento del livello di felicità da 11 a 17 nel Rapporto sulla Felicità nel Mondo del 2013.[160] Tutti i 16 paesi più felici degli Stati Uniti hanno un reddito pro capite più basso, tranne la Norvegia.

Mentre alcuni di voi non saranno d'accordo, in base al vostro punto di vista politico e sociale, sui dati che vi presento ora. Studi scientifici provano che i governi contribuiscono al benessere personale dei cittadini quando promuovono il servizio sanitario statale per tutti, l'accessibilità agli enti assistenziali per l'infanzia, permessi pagati per la gravidanza per entrambi i genitori, una buona istruzione pubblica - possibilmente gratis, libertà personale e sicurezza nelle comunità, un sistema giusto e meritocratico per assumere e per promuovere il personale, leggi contro la discriminazione, assistenza ai disabili, e regole per proteggere l'ambiente.[161]

A conferma che il lavoro è felicità, l'aumento della disoccupazione è stato responsabile di un terzo della diminuzione nella valutazione della qualità di vita nei paesi dell'Europa meridionale (Spagna, Portogallo, Italia e Grecia) tra il 2007 e il 2013.[162] La gente ha grande soddisfazione quando sa (o crede) di vivere in un mondo giusto, dove lavorar sodo e comportarsi bene danno buoni risultati.[163]

'Your Better Life Index' (Il tuo indice di vita migliore) seleziona gli stati secondo 11 misure di benessere. Dal momento che ognuno ha un'idea diversa di ciò che sia la felicità, si possono cambiare delle parti dell'indice secondo i propri valori, e ricalcolarlo. Per esempio, se l'equilibrio vita-lavoro e l'ambiente sono le cose più importanti per voi, la Danimarca e la Svezia sono al livello più alto. Se il reddito e la salute sono più importanti, gli Stati Uniti e la Svizzera salgono in cima.

Molti altri aspetti della società che possono essere influenzati dai politici e che aumentano il livello di felicità individuale sono esaminati in dettaglio nel libro 'The politics of happiness', di Derek Bok.[164] I politici dovrebbero promuovere questi elementi, che poi aiuterebbero ciascuno di noi a trovare la felicità.

È interessante che negli Stati Uniti, un po' della felicità della nazione derivi dal fatto che l'immigrante è in genere una persona che sta perseguendo un obiettivo, e quindi è di per sè più felice. Due alleli di un gene del DNA chiamato DRD_4, associato ai ricettori della dopamina nel cervello, sono più comuni in persone che cercano sempre novità e hanno voglia di esplorare. Questi alleli si trovano più spesso il più lontano si vada rispetto a dove l'umanità è iniziata, l'Africa. Gli studi del gene $_5$-HTTLPR, legato al trasporto della serotonina, hanno dato risultati simili. Perciò, per gli Stati Uniti, essere una nazione felice può dipendere dal fatto che molte persone con obiettivi nella vita, e perciò la gente più felice di tutto il mondo, è arrivata qui per lavorare sodo per realizzare i propri sogni.

Dall'altra parte della medaglia, il paese con i cittadini meno felici è in molte indagini la Repubblica Centro Africana (CAR). Lì il PIL pro capite è di $790 all'anno, e l'aspettativa di vita è 48 anni. Subito dietro al CAR in fondo ci sono il Congo, l'Afganistan, lo Zimbabwe e Haiti. Nel Rapporto sulla Felicità nel Mondo del 2013, i paesi in fondo alla lista (da 152 a 156) sono Rwanda, Burundi, CAR, Benin e Togo.[165] Questi paesi hanno in generale livelli molto bassi di libertà e di sicurezza, e alti di violenza e povertà, e quindi alto stress quotidiano. La differenza dei livelli di felicità tra i primi cinque paesi e gli ultimi cinque paesi è molto grande, secondo il Rapporto sulla Felicità nel Mondo: 7.5 contro 2.9, su una scala da 1 a 10 punti.

Il Bhutan, il paese più piccolo dell'Himalaya, in Asia, è stato il primo a modificare le sue leggi in modo che le sue politiche nazionali venissero guidate da criteri basati sulla felicità. Il Bhutan infatti è stato il primo a creare un indice sul 'prodotto interno della felicità' (PIF), realizzato dal quarto re del Bhutan circa 30 anni fa. Il PIF è stato indicato come indice molto migliore rispetto al PIL.

Ci sono quattro parti nel PIF del Bhutan: 1. sviluppo economico sostenibile; 2. conservazione dell'ambiente; 3. salvaguardia della cultura; e 4. buon governo. Secondo una ricerca fatta a Bhutan, questi criteri sono legati a nove componenti della felicità: 1. il benessere psicologico; 2. la salute; 3. l'uso del tempo; 4. l'istruzione, 5. la diversità culturale; 6. il buon governo; 7. la vitalità delle comunità; 8. la diversità ecologica; e 9. lo stardard di vita.

Ogni decisione presa dal governo di Bhutan viene fatta in considerazione del PIF. Per esempio, quando si considera una nuova tassa o legge, il governo valuta prima di tutto se questa aumenterà o farà diminuire il PIF. 'L'economia della felicità' suggerisce che misure per la felicità pubblica dovrebbero essere usate per integrare le misure economiche più tradizionali quando si valuta il successo della politica.

Dopo il Bhutan, ora molti altri paesi seguono il livello della felicità del cittadino, e cercano di mettere in atto politiche che hanno come scopo il suo continuo miglioramento. Questi paesi includono, tra gli altri, il Brasile, la Nuova Zelanda, il Sud Africa, il Regno Unito, gli Stati Uniti, l'Australia, Singapore e la Corea del Sud. Da un bel po' di anni si hanno conferenze sul PIF internazionale.[166]

Fattori con un impatto modesto sulla felicità

Studi scientifici hanno concluso che fattori quali il denaro, l'istruzione o persino avere figli non influenzano la felicità nel modo in cui ci si aspetterebbe.

Denaro

Il denaro è correlato alla felicità, ma solo fino ad un certo punto. I livello medio della felicità negli Stati Uniti di solito aumenta più si sale nella scala del reddito. Chiaramente, per i tanti che hanno un salario al di sotto di $80.000 all'anno, e specialmente per coloro che vivono intorno o al di sotto dei livelli di povertà, un reddito più alto porta più felicità.

Grafico sull'effetto positivo per la felicità in relazione al reddito (USD, US dollars).

Graph: Positive affect in relation to household income

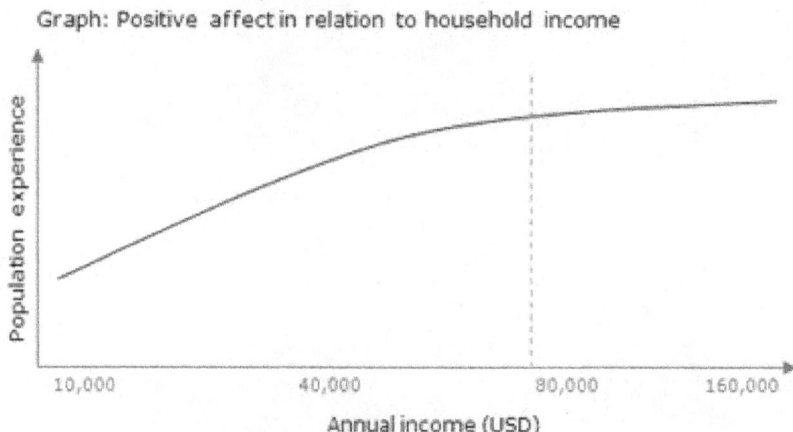

Annual income (USD)

Negli Stati Uniti, per esempio, il 41% della popolazione nello scaglione di reddito più elevato è 'molto felice', mentre lo è solo il 24% dello scaglione di reddito più basso. Solo il 6% della gente nello scaglione di reddito più elevato è 'non troppo felice,' mentre lo è il 20% della gente nello scaglione di reddito più basso.[167]

Come dimostra il grafico, per molti – quelli con un reddito negli USA sotto gli $80.000 - un reddito più alto potrebbe migliorare il livello di felicità. Dobbiamo spiegare anche questa associazione. L'ovvio premio è l'essere meno stressato riguardo il risparmio, e riguardo il non essere in grado di permettersi qualcosa di essenziale, per sé stessi e specialmente per i propri cari, come cibo e dimora sicura. Questo concetto si rifà alla piramide di Abraham Maslow, dove alla base della felicità ci sono i beni primari fisiologici e poi quelli legati alla sicurezza che, entrambi, spesso necessitano di almeno un po' di denaro.

È interessante notare che la maggior parte degli americani (60%) credono che il povero può diventare ricco se solo si impegna molto.[168] Questa percentuale è più del doppio rispetto agli europei (29%). Per la maggior parte degli europei il destino e il successo sono una questione di fortuna e di altre circostanze, mentre solo una minoranza di americani crede la stessa cosa.[169] Perciò gli europei con un reddito più basso incolpano la società e sono in generale arrabbiati, mentre gli americani poveri sono più orientati a pensare che i loro pari benestanti devono aver meritato le loro fortune.[170]

Ma con stipendi sopra gli $80.000 la felicità non cambia più. Il salario necessario per la felicità è di circa $80.000 all'anno, circa 3.500 euro al mese lordi in Europa. Questo è chiamato il paradosso di Easterling, dal nome dell'economista americano Richard Easterling, il quale per primo provo' in modo scientifico che oltre una certa soglia, l'aumento del reddito non porta alla felicità.[171,172] Perciò se uno guadagna 4.000 o 10.000 euro al mese, il livello di felicità non cambia solo basandoci su questa differenza seppur ragguardevole di salario. È vero quindi che, ad un certo livello, non si può comprare la felicità.

Ci sono diversi studi che confermano queste scoperte. In un'altra ricerca, la soddisfazione nella vita della gente è cambiata di poco quando il loro reddito è aumentato o diminuito, incluso l'aumento della pensione.[173]

Un'altra serie di studi, e anche un altro modo di considerare la relazione tra denaro e felicità, concerne i dati a livello nazionale. È vero che, in generale, i paesi più ricchi hanno popolazioni più felici di quelli più poveri, come vi ho gia' mostrato. Ma è interessante che quando la prosperità in una nazione – specialmente se già prosperosa – aumenta, il livello medio della felicità non necessariamente aumenta. Per esempio, il livello di felicità negli Stati Uniti è cambiato molto poco negli ultimi 50 anni, a dispetto di aumenti sostanziali del reddito pro capite.[174]

Perchè 'più denaro' non è associato con 'più felicità'? Più soldi si guadagnano, più soldi si desiderano, perchè ci si comincia a paragonare a gente che ha un reddito più alto, a persone di classe sociale più alta.[175]

Perseguire obiettivi finanziari è una scala senza fine, con desideri sempre maggiori e più oltre la nostra portata, lasciandoci sempre insoddisfatti. Ci si abitua velocemente ai nuovi oggetti di consumo che un reddito più alto ci permette di avere. Quello che prima era un lusso diventa necessità, e così i desideri aumentano, lasciandoci non più soddisfatti della nostra vita di quanto lo eravamo prima.[176]

La felicità è tutta su come ti paragoni. Per esempio, sei molto felice se guadagni $60.000 tra amici che guadagnano di meno, ma infelice se fai un milione e tutti intorno a te guadagnano di più. Lo stesso avviene per casa, moglie, figli, automobile, abbigliamento, ecc. Essere soddisfatti della propria situazione finanziaria dipende in gran parte da come il nostro reddito si paragona rispetto al reddito di altri, in particolare a coloro con cui si socializza.[177] Quando mi paragono ai miei buoni amici Marco, Tonino, Antonello, Corrado, Marco, Ignazio, Don, James, Francesco e altri, mi sento felice, perchè credo che guadagnano più o meno quanto guadagno io e credono nei miei stessi valori, che non includono affatto l'avidità.

Questo spiega anche perchè, se tutti coloro del tuo cerchio sociale diventano ricchi, incluso te, tu non diventi più felice. Triste a dirsi, ma se gli altri intorno a te perdono reddito, ma tu no, spesso ti senti più felice.

Quando, data la scelta di: 1. Guadagnare $90.000 all'anno con colleghi che guadagnano $70.000; contro 2. Guadagnare $100.000 all'anno con colleghi che guadagnano $150.000, molti scelgono la prima opzione, dimostrando che lo status di avere un guadagno più alto degli altri vale almeno $10.000.[178] La gente che s'interessa del reddito degli altri è di solito meno felice.[179]

La gente più ricca è spesso più felice non perché guadagna di più, ma perché i lavoratori più felici hanno più successo e guadagnano più soldi. Studenti che sono stati identificati con test appositi come felici all'università, quando hanno raggiunto i 40 anni guadagnano il 30% in più rispetto ai compagni identificati come meno soddisfatti ai tempi dell'università.[180]

Un altro aspetto della felicità, che si riferisce al denaro, è che l'essere benestante porta alcuni vantaggi. Questi sono il riconoscimento, l'alto prestigio sociale, il sentirsi più di successo perché ottieni un upgrade gratuito, la poltrona in prima fila all'opera o in tribuna allo stadio, gli inviti a eventi di gala e a volte a feste favolose.

Inoltre di solito l'essere benestante si accompagna al fatto di avere un lavoro interessante, competitivo, con liberta' di azione, e che da soddisfazione e ricompense (anche per il fatto di essere il 'capo').[181] Queste persone di solito hanno più controllo su come trascorrere il loro tempo, ed è più probabile che diano ordini piuttosto che riceverli. Spesso hanno avuto successo nel raggiungere da giovani adulti i propri obiettivi. Perciò qual'è il messaggio? Cosa dovresti fare? Tra i benestanti i più felici sono quelli che non si sono mai troppo preoccupati del loro successo finanziario, ma hanno invece avuto successo lavorando molto su ciò che a loro interessava di più, senza sacrificare la famiglia e le amicizie.[182]

Qual'è l'effetto di avere come traguardo primario diventare ricchi? Chi ritiene molto importante diventare ricco tende a soffrire tristezza e delusione al di sopra della media.[183] Chi valuta i soldi più di altri obiettivi è meno soddisfatto della sua vita. Si finisce con il trascurare le relazioni umane che invece hanno un'influenza primaria per raggiungere la felicità.

Più la gente cerca di acquisire ricchezza pecuniaria, meno soddisfazione tende ad ottenere dalla propria vita familiare.[184] Il materialismo ci distrae dagli aspetti più significativi e gioiosi della vita, come trascorrere il tempo con la famiglia e gli amici e contribuire alla comunità.

Per esempio, matricole diciottenni in un istituto di elite che avevano dichiarato che il diventare ricco era il loro obiettivo primario, due decadi dopo erano meno soddisfatte della loro vita di colleghi che non avevano menzionato questo obiettivo materialistico come primario.[185] Aspirare al denaro è associato all'infelicità, non alla felicità. Crea ansie e inquietudini quotidiane,[186] e persino disordini mentali.[187]

Sappiamo che questo è vero. Quasi il 90% degli americani crede che 'la nostra società è troppo materialista', e l'84% è d'accordo che 'la troppa enfasi sui soldi è uno dei maggiori problemi della nostra società'.[188]

È interessante che la gente più felice non ha di solito i redditi più alti. I più felici sono anche meno attivi in politica. Non possiedono l'estrema ambizione di lavorare come dei matti per raggiungere il successo a livello mondiale.[189]

La gente che si pone come principale obiettivo diventare ricco tende ad essere meno felice di chi ha altre finalità.[190] Non capisco come così tanta gente abbia come obiettivo aver tanti soldi, per poi avere come meta finale 'vegetare', bighellonare, l'essere libero da impegni. La peggior cosa per non raggiungere la felicità è il non far niente, il 'vegetare'.

Una parte della spiegazione del perché così tanta gente abbia come obiettivo diventare ricco, è che non ha capito che cosa li renda veramente felici, o forse non ci ha mai pensato davvero con sufficiente concentrazione. La pubblicità, il telegiornale e in generale la cultura della nostra società fanno loro erroneamente credere che la gente è giudicata in base al reddito e a ciò che possiede. Così le persone si distruggono nell'accumulare beni materiali, spesso poi senza trovare alcuna soddisfazione personale una volta che l'obiettivo economico è stato raggiunto.

L'aumento della ricchezza in se stesso, sia per l'individuo che per la nazione, non dev'essere uno scopo in sè e per sè, almeno non quando un benessere superiore alla media è stato già raggiunto. La domanda più importante è che cosa farsene della libertà dalle preoccupazioni economiche. Questa libertà dovrebbe essere usata non per accumulare ancora più denaro, non più necessario, ma per focalizzarsi su quelle attività che la scienza ha dimostrato aumentare la felicità.

Istruzione

In generale, la gente con più anni di istruzione tende ad essere più felice di quella con istruzione inferiore.[191] Ciò sembra dovuto al fatto che la gente più istruita impara l'auto-disciplina necessaria a sviluppare sane abitudini, e ottiene lavori meglio pagati. Complessivamente, avere più istruzione è senz'altro un fattore che aumenta il livello di felicità delle persone, ma non è uno dei fattori principali.

Avere figli

È interessante, e per me sorprendente, che l'avere bambini, almeno secondo i dati della ricerca, è associato a risultati discordanti riguardo all'effetto sulla felicità. Per molti genitori, i propri figli sono una sorgente di gioia nella vita.[192] La mia esperienza personale è stata senz'altro questa, in modo indiscutibile. I miei due figli hanno portato un'enorme quantità di felicità nella mia vita, così come in quella di Paola, la mia meravigliosa moglie e 'co-pilota'.

Volere o non volere figli ha grande influenza sull'effetto figli-felicità. È chiaro a tutti e confermato dalla ricerca che le coppie che vogliono, ma non riescono, ad aver figli attraversano dei periodi, a volte lunghi, di infelicità. Le coppie che invece scelgono di non avere bambini sono felici tanto quanto le coppie che scelgono di averne.[193]

Altre ricerche hanno rivelato che l'avere bambini non è sempre positivo, e che diventare genitori spesso non porta ad un aumento significativo del benessere.[194] Tuttavia, la perdita di un figlio è la cosa peggiore che possa capitare a chiunque.[195] La tristezza e la depressione che ne derivano durano molto, spesso più di una decade se non addirittura tutta la vita.

Fattori NON associati alla felicità

Alcune delle nostre attività e scelte intenzionali non fanno molta differenza per quanto riguarda il livello di felicità. Questa lista vi sorprenderà. Ciò nondimeno, queste conclusioni sono basate, ancora una volta, su studi scientifici. Elenco prima i fattori controllabili, e poi quelli non controllabili. Cominciamo con quelli che possiamo scegliere e influenzare.

Controllabili:

La geografia e il clima

"Quando sono a New York, vorrei essere in Europa; quando sono in Europa, vorrei essere a New York".

Woody Allen

Non abbiamo controllo sul tempo atmosferico. Ma, in genere, possiamo scegliere dove viviamo. Trasferirsi in una località con un clima più caldo non è associato ad un aumento del livello di felicità.[196] Perciò traslocare da Bolzano a Taormina dovrebbe avvenire, in generale, per ragioni diverse dalla ricerca di un clima 'migliore', come per esempio per ragioni quali essere più vicini alla famiglia e agli amici, o avere un lavoro che dia più soddisfazione.

Questa verità per me è difficile da accettare, perché il mio stato d'animo migliora sotto un sole splendente. Ma è anche vero che, come abbiamo visto a pagina 56, la grande maggioranza dei primi dieci stati con le popolazioni più felici al mondo non ha un clima invidiabile, e molti trentini sono più felici dei siciliani.

Il fatto che una delle mie ex ragazze era infelice solo perché stesse piovendo, o perché fosse nuvoloso, mi dava fastidio. Non dovremmo permettere che il tempo atmosferico controlli il nostro stato d'animo.

Starsene sdraiarsi sulla spiaggia è identificato da molti come il fine ultimo, come la prova di aver raggiunto la felicità. Questo può essere vero se lo intendiamo come l'essere libero dal dover per forza guadagnare denaro, l'essere in grado di socializzare con i nostri amici, praticare uno sport, o semplicemente allenarsi o camminare o usare il tempo per meditare. Tutte queste sono attività che portano alla felicità. Ma lo starsene sdraiati sulla spiaggia senza far niente, annoia solamente. Io voglio essere attivo anche sulla spiaggia!

Il fatto che il clima non influenzi molto la felicità, è dovuto in gran parte al fenomeno dell''adattamento edonico'.[197] All'inizio un bel posto porta felicità, ma presto ci si abitua, per cui la felicità ritorna velocemente a livelli di base. L'adattamento edonico ha un ruolo importante anche sugli effetti tra felicità e altri fattori quali ricchezza, malattia cronica, shopping, macchina o casa nuova, rapporti sentimentali, e molti altri. Finiamo per volere sempre di più, e così corriamo, corriamo, corriamo verso desideri sempre più grandi, come criceti su una ruota girevole, incapaci di andare da alcuna parte, e soprattutto incapaci di essere felici. La felicità non è materiale: è azione, è avere degli obiettivi.

Mi è stato detto che anche io mi sono adattato alla mia geografia. Dal college a New York mi sono trasferito a frequentare la facoltà di medicina a Philadelphia, poi di nuovo a New York per la specializzazione, e infine ancora una volta a Philadelphia per la super-specializzazione. La mia ragazza al college, Beth, quando venne a sapere che mi ero sistemato a Philadelphia, non poteva crederci, dal momento che ricordava quanto, ai tempi del college e di medicina, mi piacesse di più New York rispetto a Philadelphia.

Guardare la TV

Paragonato ad altre forme ricreative più attive e più socievoli, guardare la televisione e anche andare al cinema (a meno che dopo il film non si vada a cena con amici) sono attività associate con livelli medi o bassi di felicità.[198,199] È ben noto che guardare la TV per più di una o due ore è associato con un peggioramento dello stato d'animo, e con l'aumento della depressione. Quarantacinque minuti è probabilmente più che sufficiente.[200] Perciò smetti di guardarla così a lungo!

Lo shopping

La gente si adatta molto velocemente ai nuovi acquisti. L'abito desiderato per tanto tempo ci soddisfa per un giorno o due. Ci abituiamo molto velocemente al nuovo status. Il lusso di ieri diventa la necessità di oggi. Questo ciclo non finisce mai; è una corsa verso un luogo dove si crede di trovare felicità ma che invece non esiste. La pubblicità rinforza il desiderio continuo di avere più beni e più servizi, enfatizzando la gioia che ne deriverà. Ma questa gioia è passeggera. È già quasi finita quando usciamo dal negozio.[201]

Godi di quello che già hai. La felicità deriva più dall'imparare a desiderare ciò che si ha, invece che dall'avere tutto ciò che si desidera.[202] Più un acquisto è motivato dal voler far colpo sugli altri, meno se ne ottiene felicità.[203] Vi impegnereste ancora a comprare qualcosa, anche se poi non lo potreste dire o mostrare a nessuno?

Controllabili fino a un certo punto:

La bellezza fisica

Abbastanza sorprendentemente, la gente bella non è più felice di quella meno attraente.[204] I belli sono in genere felici del loro aspetto, ma questa loro convinzione ha un effetto minimo, praticamente insignificante, sul loro benessere. A conferma di questo, le modelle sono meno felici delle loro coetanee, probabilmente perché sono valutate per il loro look e non per altre qualità, e quindi hanno relazioni sociali meno profonde.[205] Cercare di essere belli a tutti i costi limita la vita.

È interessante constatare attraverso dati scientifici che la correlazione tra felicità e bellezza è 'al rovescio'. Non è la bellezza che porta la felicità, ma è la felicità che ci fa sentire più belli. La gente felice percepisce ogni cosa della propria vita, incluso l'aspetto esteriore, in un modo più positivo, ottimistico.[206]

Bisogna considerare di più le conseguenze a lungo termine delle nostre scelte, invece che soltanto quelle a breve termine. Forse sembriamo più attraenti abbronzati, ma col tempo rischiamo il cancro o quantomeno tante rughe. Quando a tavola siamo tentati di mangiare un'altra porzione di quella magnifica torta, non dovremmo pensare semplicemente al piacere che avremmo a breve termine sulle papille gustative, ma anche alle conseguenze dell'accumulare grassi a lungo termine, e al fatto che di conseguenza non ci sentiremo bene e non ci vedremo in forma.

Non controllabili:

Il genere

Essere un uomo o una donna non sembra influenzare il livello della felicità. Avere una vita familiare e un lavoro equilibrati sono le cose più importanti, non il sesso a cui apparteniamo.[207]

L'età

L'età non sembra influire molto sulla felicità.[208] Il benessere declina leggermente dal periodo della gioventu' fino ai quarant'anni, e poi aumenta gradualmente e leggermente fino ai settant'anni e anche più in là, se si mantengono salute e interessi.[209] Perciò, al contrario di cosa si creda di solito, col passare degli anni la gente diventa sempre più felice.[210]

Alcuni pessimisti temono la vecchiaia, e alcune persone meno giovani incolpano la loro età per le loro sfortune. Ma uno studio scientifico famoso ci rivela che l'effetto dell'età sulla felicità è tutto legato alla nostra attitudine verso 'gli anni'.

In uno studio del 1979 su delle persone di 75 anni in una casa di riposo, fu fatto credere ad alcuni di loro che fossero tornati a 20 anni prima. Sulle loro carte d'identità furono messe foto di quando avevano 55 anni, i giornali e le riviste erano del 1959 e, in breve, tutto l'ambiente che li cincondava fu modificato per far sì che questi 75enni si sentissero come se avessero 55 anni.

Un paio di settimane dopo quest'esperienza, le persone immerse in un ambiente che faceva loro credere di aver 20 anni di meno erano più flessibili, avevano una postura migliore, una stretta di mano più vigorosa, un aspetto (controllato in maniera obiettiva) di tre anni più giovane, miglioramenti nella vista, l'intelligenza, e la memoria.[211] Incredibile, ma vero.

Ci sono dei notevoli benefici, sia fisici che mentali, nel credere di essere più giovani. Infatti quando alla gente anziana si ricorda che le conoscenze di solito declinano con l'età, hanno risultati peggiori nei test di memoria rispetto alle persone a cui questo non viene ricordato.[212] La realtà esterna, come sappiamo, può essere percepita in modo molto differente, a seconda delle nostre credenze e sensazioni interne.

Vincere alla lotteria

L'adattamento ha notevoli effetti su eventi che all'apparenza potrebbero avere un grande effetto sulla felicità. Vincere alla lotteria certamente porta inizialmente molta gioia. Ma già nemmeno un anno dopo, i vincitori riferiscono di non essere più felici di chi non ha vinto.[213] Come abbiamo visto, il poter ora accumulare beni materiali, come ad esempio vestiti, regali, macchine e shopping in generale, velocemente causa adattamento. Ti compri una casa più grande, ma poi abiti in un quartiere dove tutte le case sono grandi e cominci a guardare quelle ancora più grandi, e lo stesso succede con tutti gli altri confronti sociali.

Fattori associati con l'infelicità

<u>Controllabili</u>

Fare il pendolare

Fare il pendolare è associato a bassi livelli di felicità. In particolare, se il tragitto percorso in macchina dura a lungo e in un traffico intenso, è fortemente associato a stress e infelicità.[214] Questo è un fattore a cui non ci adattiamo.[215]

Le faccende domestiche

Dover fare faccende di casa che non si ama fare è associato ad infelicità, sia che si è single o che si viva con un'altra persona.[216] Le faccende includono fare il bucato, andare al supermercato, lavare il bagno o qualsiasi altra parte della casa e anche accudire bambini. Il bucato fatelo fare a qualcun altro, anche se a pagamento; può essere uno dei motivi principali di divorzio.

Il rumore

Il rumore, specialmente se intermittente e variabile, interferisce con la concentrazione (*flow*) e perciò con il benessere. Di conseguenza è associato allo stress e all'infelicità.[217]

<u>Non controllabili</u>

Il gruppo etnico

Sfortunatamente, l'essere nero è associato, negli Stati Uniti, a inferiore soddisfazione nella vita rispetto all'essere bianco, anche se la differenza è diminuita negli ultimi tre decenni.[218]

Come si può notare da questa lista, nella nostra società crediamo in molti miti relativi alla felicità che sono per la maggior parte falsi. Non si deve andare da qualche parte (ad esempio la casa in periferia, un viaggio al sole) per trovare la felicità. La felicità è dentro di noi.

Non devi tornare indietro all'età della giovinezza per trovare la felicità. Non devi arrenderti al tuo destino se credi di essere nato 'depresso', dal momento che puoi cambiare il tuo livello di felicità del 50%.

Riassumendo, dobbiamo smetterla di lamentarci del nostro lavoro, del nostro capo, del nostro compagno, del tempo atmosferico o di altri fattori esterni. Abbiamo, invece, bisogno di cominciare a fare le cose che ci aiutano veramente a migliorare la nostra felicità.

Le radici infantili della felicità in età adulta

"Il bambino è il padre dell'uomo".

William Wordsworth

Connessione. Gioco. Flusso. Pratica. Padronanza. Riconoscimento. Dette in un unico rigo, senza molte spiegazioni, queste parole potrebbero non significare molto. Ma, aspetta qualche minuto, e, mentre scorrerai le prossime pagine, vedrai che questi sono i gradini della scala che porta da una bella infanzia alla felicità in età adulta. Molte nozioni riviste in questo capitolo sono ispirate a idee presenti nel libro "Le radici infantili della felicità adulta", di Edward M. Hallowell.[219]

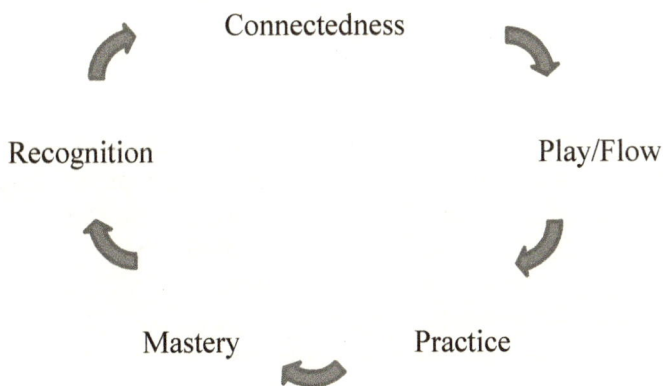

Connectedness

Recognition

Play/Flow

Mastery

Practice

Connessione

Il più importante di questi gradini per raggiungere la felicità da bambino e poi da adulto è la connessione. Il bambino dovrebbe sapere che il genitore lo amerà qualunque cosa succeda. I bambini felici sanno che i loro genitori li ameranno qualunque cosa succeda, ora e per sempre.

Il punto iniziale nel creare un'infanzia 'connessa' è l'amore incondizionato. Questo amore è costante, irremovibile e totalmente affidabile. È il tipo di amore che viene incorporato nella persona. La persona che lo riceve sa che questo amore ci sarà sempre, sarà sempre con lui, lo seguirà ovunque, non cambierà mai, resisterà ad ogni avversità. È un affetto sicuro.

L'essere umano diventa felice grazie alla connessione che ha da bambino. L'amore incondizionato deve venire da qualcuno. Di solito – ma non sempre – questo qualcuno è un genitore, o entrambi i genitori. Se non da un genitore, dev'esserci un adulto carismatico, per esempio un nonno, una zia, uno zio, un patrigno o una matrigna o qualcun altro che ispira al bambino la connessione. Ti senti amato da questa persona fidata qualsiasi cosa possa succedere.

Dalla connesione scaturiscono molte qualità interiori, come l'intraprendenza, l'ottimismo, l'atteggiamento di chi dice 'son capace di farlo', la creatività, l'essere estroverso, la sensazione di controllo sulla propria vita, l'autostima. Tutto questo trae origine dalla connessione, e si manifesta meglio quando si è connessi. Tutte le ricerche effettuate in questo campo ci rivelano anche che si tratta di qualità associate con l'essere felici. L'ottimismo nell'infanzia è correlato all'ottimismo nell'adulto. Ti senti ascoltato, compreso, amato, voluto.

L'amore di un genitore è come il bambolotto di pezza che il bambino si porta appresso quando è piccolo. Negli anni perderà un orecchio o forse un occhio, avrà dei buchi riparati con l'adesivo o dei punti, diventerà sbiadito e brutto, ma nel frattempo diventerà anche a noi più caro.

Il contatto fisico è sottovalutato. I nostri bambini hanno bisogno di essere toccati di più, di frequenti baci e abbracci. Non è abbastanza stringere loro le mani. È insufficiente mettere un cuoricino rosso o un altro emoticon alla fine dei nostri messaggi o emails o tweets.

Ripensa alla tua infanzia, e a ciò che più ti è piaciuto. Per me l'amore incondizionato veniva da mia madre. Agli occhi di mia madre non potevo sbagliare. Verso di me aveva sempre sorrisi e lodi. Mi ripeteva continuamente: "Puoi fare ciò che vuoi"; "Sei il migliore".

È imbarazzante come alla scuola media scrissi in uno dei miei temi che mia madre mi diceva sempre: "Come ho fatto a fare un figlio così bello?" È ancora più imbarazzante come la mia insegnante l'abbia raccontato a tutta la classe.

Il mio successo nel raggiungere la felicità ha avuto inizio sicuramente dal ricevere, molte volte al giorno, ondate dopo ondate dell'amore di mia madre. L'affetto totale e incondizionato mi era dato apertamente non solo verbalmente e col tatto, ma anche con l'azione e la dedizione.

Spesso da giovane e poi da adulto mi sono sentito invincibile probabilmente perché mia madre mi ha instillato un affetto tanto profondo che sento e trasporto dentro me questo amore incondizionato ovunque. È parte di me, anche se la sorgente originaria è 5.000 miglia lontano.

Questo amore incondizionato spinge la persona a diventare uomo. L'amore di mia madre ha fatto sì che io mi sentissi libero di lasciare sia lei che la mia patria. Inoltre, se si riceve amore incondizionato, si è probabilmente in grado di dare amore incondizionato.

Ringrazia il tuo genitore o il tuo parente per il loro amore e sostegno incondizionato. Dai, fallo. Forse in questo momento non sono accanto a te, perciò fallo più tardi, ma non dimenticare di ringraziarli. Una delle cose migliori per vivere bene è avere un affetto sicuro, duraturo verso una persona, di solito la propria madre, quando sei molto giovane.

Se è importante sentirsi connesso a casa, lo è altrettanto sentirsi connesso a scuola. Ci si dovrebbe sentire apprezzato, accettato, trattato equamente. L'amicizia, la famiglia, la comunità, la spiritualità, l'amore per la natura, il gioco di squadra, sono tutte forme di ciò che intendo per connessione.

Gli insegnanti di scuola elementare, media e superiore hanno sempre creduto in me. Prima di cominciare, mi fu detto che i miei insegnanti sarebbero stati terribili, difficili, impossibili da accontentare. I loro cognomi erano Vizioli e Di Giovanni alla scuola media, e Filograsso e Di Daniele alla scuola superiore. Non li dimenticherò mai così come non dimenticherò i loro nomi.

Studiavo, leggevo, e nel frattempo mi divertivo. Per esempio facevo volontariamente tanti problemi di matematica in più alla scuola media perché erano uno dei miei passatempi preferiti e sapevo che avrei reso felice la mia insegnante. Alla fine ebbi degli ottimi risultati con questi professori, e divenni uno dei loro studenti modello. Superare con successo il loro 'ostacolo' mi è servito a imparare a superare tantissimi altri impegni nella mia vita adulta.

Avere un rapporto stretto e positivo con un professore è la chiave per il successo. Perciò sprona tuo figlio a conoscere ragionevolmente bene un membro della facoltà ogni semestre, e anche a far sì che siano i membri stessi della facoltà a conoscerlo bene.

Questa sensazione di essere protetto, stimato, questa fiducia di base, instilla coraggio e il desiderio e la capacità di affrontare rischi nella vita. Un atteggiamento ottimista è uno dei fattori che preannunciano la felicità da adulto, così come una delle più affidabili difese contro la depressione e la disperazione. Non ti sentirai mai solo. Ti senti forte dal sapere che, anche quando fallisci, hai una persona fidata su cui appoggiarti, su cui contare per sostegno, invece di rimanere da solo in un angolo, in pena e sconforto. Anche se mi sentissi perso, avrei sempre qualcuno a cui volgermi. Questo mi da fiducia.

È bene che i figli sperimentino delle difficoltà e anche alcuni momenti di infelicità. La vita sfortunatamente continuerà a sottoporci a tali eventi nel tempo. Il pericolo più grande per un figlio non è questo. Il pericolo è non avere pronto accanto a te al momento e al posto giusto, una persona di fiducia con cui parlare di queste sensazioni. Non è importante essere caduti. La cosa importante è rialzarsi ed essere capaci di lottare, o almeno di rimettersi di nuovo in gioco.

L'età tra i 15 e i 25 anni, con il primo amore, le prime grandi decisioni quali l'università e il lavoro, abitare e viaggiare indipendentemente, è il periodo più importante per la formazione dell'identità. Le scelte che facciamo di persona in questo periodo hanno un'influenza enorme sul resto della nostra vita. Essere capaci di affrontare le avversità in questo periodo e superarle in un modo positivo con l'aiuto di un forte gruppo sociale di sostegno è la cosa più importante.[220]

Quando alle persone anziane si chiede di ricordare gli eventi più importanti della propria vita, la maggior parte degli avvenimenti che ricordano sono quelli che sono accaduti in quel periodo.[221]

La vita comincia a prendere forma alla fine dei venti anni, e le avversità che si affrontano dopo questo periodo non ci aiutano tanto quelle che abbiamo affrontato da giovani.

Giocare

Il gioco è una delle radici infantili della felicità da adulto. Per 'gioco' qui si intende qualsiasi attività in cui ci sia spazio per l'inventiva spontanea. Il contrario di gioco è dover fare esattamente ciò che ci è stato detto di fare. Lascia che i bambini giochino. Aiutali a trovare attività che a loro piace fare, che li porti al *flow*, il 'flusso di pensiero'. Chiedi loro che cosa li fa entrare nel 'flusso'.

Raggiungiamo la felicità quando da adulto troviamo un gioco per cui la gente ci vuole pagare. Per me, un tipo di gioco è, ora da adulto, scrivere. Posso creare sia per un documento scientifico che per un libro personale.

Mi sento inondato di felicità mentre sto mettendo a punto un manoscritto scientifico, un capitolo, un testo medico, o mentre sto componendo un libro non-scientifico, di solito di saggistica.

Questo è lo scienziato: un avventuriero che cerca la via verso mondi inesplorati. Ecco perché mi piacciono le scienze. Amo analizzare dati, e lasciare che nel flusso dei pensieri la mia mente si diverta a capire che cosa questi dati mi stanno dicendo.

Sono fortunato perché ciò che mi piace fare coincide con il salvare vite umane, migliorare la salute delle persone, e quindi con qualcosa che ha un grandissimo valore per gli altri e per la società in genere. Svolgendo il mio lavoro acquisto rispetto dal mio prossimo e vengo pagato bene. Avere una carriera di successo significa che hai trovato un modo per giocare per cui altri ti vogliono pagare.

Lo scopo di un genitore deve essere quello di aiutare il bambino a cercare la sua sfera personale di curiosità e desideri, e poi lasciare che queste sue proprie curiosità e desideri gli forniscano spinta, determinazione e motivazione. Trovare qualcosa che ami fare quando sei bambino è una delle chiavi per la felicità nella vita adulta. Se, quando cresci, la gente vuole premiarti per fare le cose che tu ami fare, allora ce l'hai fatta!

Perciò quando sei giovane, gioca a qualcosa che ti dà gioia. Quando sei un adulto:

- Giochi con le parole = diventi uno scrittore

- Giochi con i numeri = diventi un matematico

- Giochi con la chimica = diventi un chimico

- Giochi a pallacanestro = diventi un atleta

- Giochi con la gente = diventi un politico

- Giochi con le idee = diventi un filosofo

- Giochi con le emozioni = diventi uno psicologo

- Giochi con i vestiti = diventi uno stilista

- Giochi con il disegno = diventi un architetto

- Giochi con i problemi della salute = diventi un medico

Per poter giocare liberamente e lasciare che la mente entri nel *flow*, l'ambiente è molto importante. Ciò significa anche che l'ambiente deve avere carattere particolari, e non avere barriere al *flow*. I genitori devono a volte escludere dei giochi, e vietare alcune attività.

L'ambiente migliore per far crescere un bambino è quello che lo fa essere e sentire sicuro. Non ci devono essere pistole a casa. Non ci dev'essere facile accesso al tabacco, all'alcol e alle droghe. A scuola, i genitori devono prodigarsi perchè non ci siano bullismo e pregiudizio.

La vita è ciò a cui sei abituato. Se sei abituato ad essere bravo, continuerai ad essere bravo. E viceversa. Sin dall'infanzia. Per esempio, mentre trascorrere del tempo con i media va bene, trascorrerne troppo è male. Anche i contenuti sono importanti. Guardare programmi televisivi sul canale Discovery è meglio che guardare il wrestling. Si può anche giocare in modo costruttivo mentre si è al computer o su internet.

Posso capire dall'umore di Pietro (il nostro figlio più giovane) quanto tempo è stato alla Play-Station. Se lui è ancora reattivo, di buon umore, vuol dire che ha giocato un'ora o di meno. Se ha giocato più di due ore di seguito, è intrattabile, di cattivo umore, nervoso.

Giocare a FIFA alla Play-Station può essere educativo, dal momento che si può entrare in flow, scambiando giocatori, acquistando giovani campioni di calcio, scoprendo modi nuovi per vincere. Ma bisogna mettere dei limiti. Non so quanto tempo sia eccessivo, ma so che l'umore dei miei figli peggiora significativamente dopo due ore di TV o computer, e questo non può essere positivo.

Le norme e le regole devono essere stabilite sin da quando sono molto piccoli. Da quando hanno uno, due anni. La maggior parte dei valori da adulto, quali l'onestà e la sincerità, si apprendono prima degli otto anni. Dopo si imparano molto difficilmente; è troppo tardi.

La felicità richiede struttura, così che ci siano meno sorprese. I figli vogliono sapere che ci sono modi giusti e modi sbagliati di fare le cose. Hanno bisogno che si mostri loro perché è importante obbedire alle istruzioni che ricevono.

Quando un bambino ha una vita regolata, essendo cresciuto costantemente in un ambiente in cui le regole sono chiare e il tempo per entrare nel *flow* è abbondante, diventerà un adulto felice, sano. Avrà successo in qualsiasi cosa faccia.

Ciò che Edward Hallowell chiama 'momenti umani' sono anche importanti, e dovrebbero far parte dell'infanzia di ogni bambino per guidarlo verso la felicità da adulto. Esempi di momenti umani sono lo stare seduti insieme a tavola, giocare con un amico nel cortile, parlare in macchina mentre si sta andando insieme come famiglia da qualche parte. Gli sport possono essere un ambiente perfetto per il gioco. La gente di solito si diverte giocando a degli sport, in particolare se non competitivi. Così, gli piacerà giocare sempre di più, e quindi avrà successo, il che in seguito porta alla felicità.

Da adulto, giocare vuole anche dire avere un hobby come il golf, il tennis, lavorare a maglia, leggere il giornale, scrivere, giocare a scacchi, collezionare antichità, fare giardinaggio. Avere uno o più hobby è una chiave importante per raggiungere la felicità. Le persone spesso non capiscono cosa li rende veramente soddisfatti, e quindi non si immergono in attività che li portino al benessere.

Il *Flow*, Flusso dei pensieri

Quando si gioca si raggiunge uno stato mentale che Mikaly Csikszentmihalyi chiama *flow*, flusso.[222] Nel flusso noi uomini siamo all'apice della felicità. Dimentichiamo dove ci troviamo. Dimentichiamo che ora è. Dimentichiamo persino chi siamo. Più una persona riesce a trovare delle attività in cui può entrare in uno stato di flusso, più è felice. Quasi tutte le attività, dall'andare in bici al leggere, allo scrivere, al suonare il piano, al giocare a calcio o dedicarsi al giardinaggio, possono condurre al flusso dei pensieri.

Csikszentmihalyi ha detto: "Per essere felice non è sufficiente avere una vita eccellente. Il punto è essere felice mentre facciamo cose che migliorano le nostre abilità, che ci aiutano a crescere e a realizzare le nostre potenzialità. Questo è vero specialmente nei primi anni: è improbabile che un adolescente che si sente felice facendo niente divenga un adulto felice".

Per raggiungere uno stato di flusso, è utile che il 'gioco' abbia determinate caratteristiche. In primo luogo, la sfida inerente l'attività deve essere correlata all'abilità della persona coinvolta. Se la sfida è troppo difficile, ci si sente frustrati e poi sconfitti. Sperare di vincere a tennis contro Federer è prepararsi a un fallimento. Troppa poca sfida e ci si sente annoiati, come quando giochi a tennis con qualcuno peggio di te.

In uno stato di flusso, sei tutt'uno con ciò che fai. Si raggiunge di solito lo stato di flusso quando sia la sfida che l'attività dimostrano che la tua abilità in quell'attività è notevole. Quando un'alta abilità si accompagna ad un'alta sfida ci si ritrova nel flusso dei pensieri. Insegnanti, allenatori e genitori dovrebbero essere convinti di questa verità scientifica, per essere in grado di educare in modo più efficace.

In secondo luogo, l'attività in cui sei immerso ha la caratteristica che tu la puoi controllare. Sai cosa sta succedendo, in ogni momento. Non puoi perderti o sentirti sopraffatto da cosa sta succedendo. Quando colaboro con l'American College degli Ostetrici e dei Ginecologi (ACOG) a linee guida, lo faccio con passione scrupolosa. Cerco di rifiutare o almeno delegare agli altri membri del gruppo ciò in cui sono meno interessato e meno bravo a fare.

Terzo, ottieni un immediato riscontro di ciò che stai facendo. Se perdi un colpo, lo vedi subito, e ciò ti permette di far meglio la volta successiva. Se la frase che stai scrivendo non sembra scritta bene, puoi sempre ritornarci e sistemarla. Se vinci, i tuoi colleghi si congratulano con te. Se scrivi un bell'articolo i tuoi lettori aumentano.

Non ci si dovrebbe mai dimenticare, specialmente un genitore, che un bambino che gioca è un bambino al lavoro. Il gioco costruisce immaginazione. Giocare con altri bambini insegna abilità relativamente a come risolvere problemi e come collaborare con gli altri.

Il gioco che è collegato al flusso dei pensieri si dovrebbe creare in un ambiente sicuro, dove il flusso possa verificarsi. Per un bambino, è il genitore che dovrebbe fornire questo ambiente. Il flusso dei pensieri dovrebbe di solito poi conseguirne in modo naturale. Anche la famiglia è parte dell'ambiente. I bambini che interagiscono spesso con i membri della famiglia hanno più esperienze di flusso. Al contrario, un bambino senza sostegno può sperimentare paura, vergogna e imbarazzo, che a loro volta impediscono gioco e flusso dei pensieri.

Quando sono concentrato e immerso in un compito, quella è la felicità. Esempi di flusso per me sono scrivere un libro, scrivere un articolo scientifico, completare le tabelle dei risultati, analizzare i numeri con la statistica. Come quando da adolescente mi divertivo, a sorpresa di tutti, a trascorrere ore a fare esercizi di matematica extra, assegnati come facoltativi. Passo tanto tempo con i miei colleghi della Societa' per la Medicina Materno-Fetale (SMFM), non solo perché sono bravi, ma anche perché posso 'giocare' con loro, e sentirmi continuamente stimolato da nuove idee, nuove sfide.

Nel flusso, la tua mente è completamente affascinata dall'attività, qualsiasi essa sia, tanto da non essere più consapevole di nient'altro, nemmeno del proprio esistere. Ecco perché si è consapevoli di aver passato un periodo nel flusso dei pensieri solo in retrospettiva. È interessante che quando siamo nel flusso dei pensieri, e quindi siamo molto felici, non ce ne accorgiamo. Non ci accorgiamo della felicità quando la si sta vivendo: spesso un rumore, una distrazione, qualcuno che ci chiama, ci riportano alla realtà, e così ci rendiamo conto che prima eravamo nel flusso.

Però di solito questo non vuol dire che non ci rendiamo conto di cosa ci porta nel flusso. Non vedo l'ora di trascorrere del tempo con i miei più cari amici, parlare con i membri della mia famiglia, correggere un documento scientifico, scrivere, analizzare i dati della ricerca, fare sport: sono le attività che so mi offrono un'alta possibilità di entrare nel flusso dei pensieri.

È molto importante sognare ad occhi aperti. Noi tracciamo la nostra vita nei nostri sogni. Capiamo ciò che ci piace, ciò che vogliamo, chi siamo veramente. Un gioco prolungato ci porta a sognare, e i sogni ci portano a scoprire quello in cui crediamo.

Un altro aspetto importante è cercare modi diversi di giocare. Finchè il bambino è piccolo, è importante aiutarlo a scoprire ciò che a lui piace fare, e poi incoraggiarlo a farlo. Ho cercato di insegnare ai miei figli Andrea e Pietro come giocare a quasi tutti gli sport, dal tennis alla pallacanestro, dall'hockey al calcio, dal nuoto allo sci, dal bowling agli scacchi. Anche se non ero un maestro in tutti questi sport, potevo comunque mostrargliene le basi. Me ne erano riconoscenti. Ciò ha aumentato notevolmente la connession tra di noi.

Nel libro *Finding your element* Ken Robinson e Lou Aronica discutono come i bambini dovrebbero essere esposti a più esperienze possibili, per dar loro le più alte probabilità di trovare ciò che meglio gli si addice.[223] Per aiutarli ad identificare lo sport, l'occupazione o l'hobby che a loro piace di più. Perciò gioca con loro a tutti gli sport. Portali ad un concerto di musica classica o anche all'opera. Non sai mai che cosa li appassionerà.

Andrea e Pietro hanno avuto lezioni di piano, di scacchi, di nuoto; hanno anche fatto scuola calcio, pallacanestro, hockey, tennis, cannottaggio. Andrea si è appassionato al calcio, al nuoto, al cannottaggio e agli scacchi come hobby. Pietro alla pallacanestro, al calcio e agli scacchi.

Ogni attività sperimentata dal bambino è un seme che potrebbe crescere e diventare un piacere permanente, o anche una passione. Ad un bambino si dovrebbe dire, specialmente se trova difficoltà nel trovare ciò che gli piace, che è già bravo, e che ha solo bisogno di scoprire esattamente in che cosa è bravo. Genitori e insegnanti devono aiutare i bambini a trovare le sorgenti della gioia a cui poi i bambini possano dedicare tutto il resto della loro vita. È meglio che queste siano delle sorgenti accessibili, sicure e che diano soddisfazione.

Il passo più difficile è trovare un tipo di gioco che sia non solo piacevole per il bambino, ma in cui sia anche bravo. Una volta scoperto qual è questo gioco, il bambino vorrà spontaneamente esercitarsi e diventare un campione in quell'attività. Un genitore non può essere abile in tutte le attività. È bene far si che i loro bambini interagiscano con adulti con altre abilità, con diversi tipi di lavoro e con buoni esempi da seguire.

Mentre i loro bambini vengono esposti a tutte queste attività, genitori e insegnanti devono iniziare a notare le qualità specifiche del bambino. Parte dell'avventura di un genitore e anche molta parte dell'avventura di far crescere un figlio è scoprire come funziona la sua mente, in che cosa è bravo, che cosa gli piace fare di più, in che cosa ha difficoltà, o a che cosa non è interessato.

Un buon libro da leggere a questo proposito è *A mind at a time* di Mel Levine. Ogni bambino è diverso. Anche se due sorelle affrontano le stesse esperienze e sperimentano le medesime attività, a loro non piaceranno le stesse cose. Una sceglierà la danza, l'altra la pallavolo.

Dobbiamo aiutare i bambini ad identificare l'area che maggiormente preferiscono, non soltanto quella in cui hanno maggiori successi. Si spera che ci sia un'attività che diverte il bambino; a quel punto genitori e insegnanti possono aiutare il bambino a fare la connessione tra il divertimento e un'area di apprendimento.

L'emozione personale è l'interruttore *acceso/spento* dell'apprendimento. Il bambino dovrebbe imparare ad essere auto-motivato nell'acquisire nuove abilità. Focalizzarsi solo sui voti, ci porta via dal notare ciò che eccita di più il bambino. Può essere che il bambino ottenga 9 in Inglese e 7 in disegno, ma si diverta di più a disegno. Continuare a coltivare il disegno, per diventar un architetto o un pittore o solo come hobby, è la chiave per la felicità.

Assicurati, da genitore, di osservare tuo figlio per ciò che realmente è, e non per ciò che tu vuoi che lui sia. Sarà felice solo essendo sé stesso, raggiungendo il suo scopo, non realizzando gli obiettivi che tu volevi per lui o addirittura per te stesso.

Anche dei bravi genitori a volte fanno troppo per i loro figli. Troppi elogi. Troppa presenza. Li ossessionano fino al punto che il figlio non raggiungerà mai l'indipendenza. Troppo aiuto rende la loro vita troppo facile, per cui il bambino non lavora mai sodo per raggiungere qualcosa e così non afferra mai la conoscenza chiave che l'impegno porta al successo.

Qui ci sta bene una similitudine. I genitori devono insegnare ai loro figli a pescare. Non devono continuamente fornirgli pesce fresco. Come genitori dobbiamo evitare di imboccarli continuamente; dovremmo invece insegnargli come essere auto-sufficienti. L'equilibrio tra l'essere troppo premuroso e troppo esigente non è facile, ma bisogna trovarlo. Questo equilibrio può cambiare un pochino a seconda del bambino, del genitore, delle circostanze, dell'interazione. Ma imparare a pescare da solo è essenziale.

Genitori e insegnanti devono aiutare il bambino che gioca ad evitare alcune insidie. Una di queste è la paura di fare errori. Questa è la più pericolosa delle difficoltà di apprendimento. La paura di fare errori è ciò che impedisce alle persone di raggiungere il loro potenziale. Credo che questa paura sia ciò che ha impedito ad uno dei miei colleghi di pubblicare alcuni suoi importanti studi scientifici. La sua paura è stata quella di stampare qualcosa che non era perfetto. La perfezione può essere la nemica del bene.

Lo status finanziario della famiglia non sembra influenzare molto il flusso dei pensieri. Csikszentmihalyi ha dimostrato che i bambini che provengono da famiglie ricche tendono a essere più annoiati, meno coinvolti, meno emozionati degli adolescenti che provengono da famiglie meno benestanti, e perciò spendono meno tempo nel flusso.

Il prerequisito della felicità è essere completamente coinvolti nella vita. Se ci si ritira ad una vita di piaceri e lussi, ma senza un vero scopo, in realtà si perde. Perciò non comprare un BMW per tuo figlio ancora al liceo o all'università; è cattiva educazione. Evita spese folli. I giovani devono guadagnarsi la possibilità di realizzare i loro sogni. Come probabilmente molti di voi hanno constatato di persona, viziare i propri figli, specialmente quando hanno meno di 25 anni, rovina la loro vita.

Lo so, è difficile per un genitore dire di no. È difficile non lasciare che i nostri figli godano di ciò che noi genitori possiamo offrirgli, di ciò che noi stessi abbiamo sempre voluto. Ma la gioia per il regalo di una Ferrari che non ci si è guadagnata lavorando, scomparirà in pochi giorni, e lascerà nel figlio semplicemente la lezione che i premi arrivano anche senza sforzo. Cerca un modo per cui, se veramente puoi permetterti di fargli un regalo di lusso, se lo possa meritare. Un giorno i tuoi figli te ne saranno grati.

Io sono spesso in uno stato di flusso. Vado a dormire pensando ai miei figli meravigliosi, alla mia amata famiglia. Mi alzo pensando a qualche progetto di ricerca o a qualche documento scientifico che sto preparando al lavoro. Sotto la doccia, alle 6 di mattina, la mia mente vola tanto velocemente da non essere veramente consapevole di essere sveglia.

Non vedo l'ora di andare al lavoro e mettere giù i miei primi pensieri su carta. Mi sbrigo per cercare di arrivare al lavoro il prima possibile, per avere più tempo per concentrarmi sui miei pensieri mentre li butto giù. Fa che il tuo lavoro ti piaccia! La maggior parte della gente trova il flusso al lavoro, non a casa.[224]

Ma posso trovare flusso anche relativamente a tematiche non lavorative. Anche ora sono nel flusso. Lavoro giornalmente a questo libro. Penso alla felicità la maggior parte del giorno, anche al lavoro. Qualsiasi cosa io faccia cerco di metterla in relazione a questo tema. Ora faccio anche lezione, alla mia università, e anche in varie conferenze sia negli USA che in giro per il mondo, sulla felicità. Non vedo l'ora di tornare a casa e passare del tempo prezioso lasciando libero il flusso della mia mente concentrata sulla felicità mentre le dita toccano autonomamente questa tastiera.

Una volta che trovi qualcosa che ti piace, vuoi continuamente ritornare a farla. Qualsiasi sia l'attività, ne sei talmente preso che non ne vedi l'ora. Ti aumenta la salivazione all'idea di ritornare a quell'occupazione che ti sta dando gioia prolungata. Per me a volte questa attività può anche essere un libro. Recentemente leggere *Far from the tree* di Andrew Solomon ha carpito completamente la mia mente, e non vedevo l'ora di tornare al libro e leggerne il capitolo successivo.

Vengo inondato di soddisfazione quando posso ritornare all'attività che mi porta al flusso dei pensieri, che mi appassiona. Il compito è impegnativo e richiede abilità; io mi concentro; ho degli obiettivi chiari; ottengo dei riscontri positivi; sono in controllo. La sensazione di me stesso, del tempo, dello spazio, svanisce.

Durante qualsiasi momento libero della giornata, mi concentro su che cosa scrivere in seguito, su come analizzare i dati, su che cosa significano i risultati, su come organizzare la discussione e su come concludere, basandomi sulle nuove informazioni scientifiche che ho raccolto. Fondamentalmente continuo a 'giocare' col progetto su cui mi so concentrando in quei giorni, vivendo nell'anticipazione del divertimento di cui godrò quando potrò tornarci a lavorare su, proprio come sto facendo ora.

Mi sono finalmente reso conto coscientemente, da adulto, che più mi ritrovo in questo stato mentale e più felice sono come persona. Anche se sono lontano dal computer, mi diverto a pensare al progetto. Per esempio ieri mentre guidavo con la famiglia tornando da una gara nazionale di scacchi a cui hanno partecipato i miei figli, mentre mia moglie era appisolata e loro stavano giocando nel sedile posteriore, ho messo giù alcuni pensieri su piccoli pezzi di carta.

Sì, stavo guidando. Ma mi ero anche abbandonato al flusso dei pensieri. E non voglio mai perdere le mie migliori idee, che mi arrivano quando meno me li aspetto. Ecco perché ho sempre un foglio di carta e una penna nel taschino della camicia, proprio davanti al cuore.

La gioia prolungata dipende dalla nostra abilità di essere coinvolti creativamente in qualcosa o con qualcuno per un certo periodo di tempo. Questo processo, in verità, è simile all'innamoramento. Non riesci a pensare a nient'altro. Tutto il tuo essere è magneticamente posseduto da quell'argomento. Ti incanti, completamente preso, portato via, pieno di energie, motivato come mai prima. Ti muovi con un gran sorriso sul volto, sorridi a tutti anche agli sconosciuti, sei più simpatico e vivi in modo pieno e soddisfatto. Non vedi l'ora di ritornare a quella cosa a cui ti sei appassionato.

Creare l'abitudine di trovare degli interessi, degli hobby, delle attività coinvolgenti che ti piacciono tanto, dà felicità. Lo sport, il leggere, lo scrivere, l'immergersi in conversazioni impegnate, sono esempi comuni. Il tempo libero attivo è più divertente del tempo libero passivo come per esempio guardare la TV, ma quasi sempre richiede inizialmente più sforzo. Ciascuno di noi ha bisogno di sviluppare una passione.

Per finire, sii consapevole che se da una parte vuoi essere nel flusso dei pensieri il più spesso possibile, ne può ottenere così tanto piacere da creare assuefazione. Non dimenticare gli altri – trascorri del tempo con partner o figlio o amico o conoscenti – immergendoti poi al 100% nell'attività che ti dà flusso dei pensieri.

La Pratica

Quando fai qualcosa che ti piace, vuoi farla con più impegno possibile. I grandi scienziati non cercano di compiacere i genitori; cercano di soddisfare una curiosità che brucia dentro loro stessi. Ciò può anche includere il desiderio di vincere, di raggiungere per primo l'obiettivo, per battere la competizione. Ma quest'entusiasmo è uno spirito competitivo salutare, non guidato dalla paura di chi considera le sconfitte un po'come morire. Si lavora sodo perché lo si vuol fare.

Si fa pratica anche perché la chiave per la felicità è avere il controllo di se stesso e del proprio ambiente. È importante capire che la pratica è un mezzo per guadagnare libertà e per sviluppare talento. La pratica deve essere vista come un'attività con uno scopo, non come una noiosa serie di ripetizioni senza merito. La felicità attraverso la pratica include l'abilità di affrontare un problema finchè non sia risolto.

Parte della felicità è avere un atteggiamento di 'posso-farcela', 'voglio-farcela'. L'ottimismo è la pratica che porta alla padronanza. I tipi di pratica e di disciplina che durano derivano dall'entusiasmo, dal desiderio e dall'impegno. La colpevolezza, la paura, l'obbedienza forzata non porteranno mai alla pratica che è collegata in ultimo alla felicità.

Con la pratica viene anche la disciplina. La parola 'disciplina' deriva da 'discepolo'. I discepoli di Gesù (o Maometto, o Mosè, o Budda) lo seguivano non perché erano costretti, ma perché qualcosa in cui essi credevano avrebbe reso loro - e il mondo - migliore, grazie all'entusiasmo. Si fanno sacrifici perchè si crede che porteranno a qualcosa di positivo. La pratica ci mostra anche come allenarci, come trovare un bravo mentore, come meglio ricevere aiuto e insegnamento.

Sfoggiamo disciplina e impegno nelle aree che amiamo e a cui siamo interessati. Io sono molto disciplinato al lavoro; arrivo presto e spesso me ne vado un po' più tardi dei miei colleghi. Mi alzo un'ora o due prima degli altri membri della mia famiglia nei weekends e scrivo libri. Riesco ad entrare nel flusso, per ore, nel silenzio, con la bella luce del mattino, quasi ogni sabato e domenica.

Dopo avermi visto presentare una lezione plenaria al più grande congresso internazionale degli ostetrici e ginecologi, il mio collega Brian Mercer mi ha detto che ero 'focalizzato come un laser'. Ero sicuramente nel flusso, e non me ne sono accorto. Mi sono divertito.

Al contrario, non sono affatto focalizzato quando si tratta di faccende domestiche. Spesso non riesco a trovare le mie chiavi di casa. Sono nei guai se mi lasciano solo a fare il bucato. Ho difficoltà a ricordare le barzellette e le trame dei film. Ma chiedimi quando e in che rivista è stato pubblicato un certo fatto medico che riguarda la gravidanza, e molto probabilmente ti dirò non solo rivista e anno, ma qualche volta anche il mese.

È chiaro che sono disciplinato verso quello che adoro fare, e indisciplinato per ciò che non mi piace fare. Amo la mia famiglia. Amo il mio lavoro. Adoro la scienza medica, specialmente quella che si riferisce alla gravidanza, avendola studiata per così tanti anni e avendo quindi raggiunto uno stato di master che mi porta tanta riconoscenza dagli altri.

Adoro scrivere. Amo andare alle conferenze dove posso imparare qualcosa di nuovo e di importante, e anche perché posso presentare i miei nuovi dati ed avere un feedback da altri colleghi che stimo. Amo giocare a calcio, ed anche guardare le partite in TV, ma guardo soprattutto le azioni migliori senza perdere tempo prezioso.

Il bambino deve comprendere che la gente di successo che ammira è spesso quella che ha fatto più pratica. Pensate ad Elton John, oppure a Beethoven. Chiaramente, questi artisti sono stati per un bel po' di tempo della loro vita nel flusso. Hanno amato la musica, l'hanno praticata constantemente, hanno voluto sentire e risentire quello che le loro dita producevano sul pianoforte. Hanno iniziato a sentirsi elogiati, e ciò li ha stimolati a fare più pratica, che li ha portati alla padronanza, che li ha portati al riconoscimento, che li ha portati alla fama.

Non importa quanto talento si abbia. Bisogna sempre dare il massimo dell'impegno per eccellere. Tutti conosciamo gente con degli enormi doni naturali, che li sperpera perché fanno poca pratica. Credo, sostenuto da dati scientifici, che l'impegno sia una delle maggiori chiavi per raggiungere una vita di successo. Io stesso ne sono un esempio.

Allenatori e amici, non soltanto genitori ed insegnanti, hanno bisogno di rinforzare nel bambino la voglia di realizzare a lungo termine gli obiettivi di padronanza e riconoscimento. Bisogna mostrargli come ci possa essere del divertimento anche nel breve periodo della pratica, spesso ripetitiva e a volte dolorosa.

Ho sempre spronato i nostri due figli così come i miei studenti a imitare i migliori. Pochi ammirano i senzatetto, i barboni, gli accattoni ai lati della strada. I bambini amano i vincitori. Vorrebbero essere i migliori a scuola, i migliori a baseball, quelli con più denaro, fama, ragazze. Perciò cerco di trovargli dei buoni esempi da imitare. Li spingo affinchè si paragonino ai migliori della loro classe e non ai peggiori. Non gli permetto di giustificare un voto scadente al compito in classe solo perché "Anche Malcolm ha preso un brutto voto". Non gli permetto di pensare: "Ho gettato la gomma per terra, tanto è già sporco".

Una volta compreso che praticare il tuo gioco porta alla padronanza e al riconoscimento, non puoi fermarti, e vuoi ottenere sempre di più. A questo punto i genitori non hanno più bisogno di incentivare i loro bambini. Ora vogliono leggere, perché ciò li faliciterà a trovare dei begli impieghi. Si rendono conto che non leggere potrebbe portarli ad avere un lavoro manuale, faticoso.

I capi non devono imporre degli obiettivi ai loro impiegati, se gli impiegati sanno che più lavorano più ottengono riconoscimenti, per esempio un aumento di stipendio, oppure una promozione, o migliori opportunità.

Durante la pratica impariamo anche ad affrontare momenti di fallimento. Impariamo che a volte dobbiamo accettare delle sconfitte. Se non ci si prova, non si può sbagliare. Perciò, come dice un proverbio statunitense, per aumentare il successo bisogna raddoppiare le sconfitte.

Imparare qualcosa bene richiede lavoro sodo, e qualche errore. Dire cose come: "Avrei potuto far di meglio", oppure: "Sono un idiota", fa parte del processo che alla fine porta alla padronanza. La strada per arrivare all'abilità è piena di errori e di frustrazioni. La cosa più importante è essere capace di guardare oltre le colline e concentrarsi sull'obiettivo a lungo termine. Ciò può verificarsi soltanto in un ambiente dove il bambino è sostenuto da un adulto che lo ama.

Michael Jordan fu scartato dalla squadra titolare del suo liceo. Walt Disney fu licenziato dall'editore di un quotidiano per non essere abbastanza creativo. I Beatles furono allontanati dal dirigente di una casa discografica che disse loro: "I gruppi con chitarristi stanno diventando fuori moda". Se hai subito dei fallimenti, spesso questo vuol dire che sei sulla buona strada per trovare la giusta via. Sicuramente sei in buona compagnia.

Come genitore, è importante far sapere ai tuoi figli che non rinunci la prima volta che hai un insuccesso. Se perdi la palla a calcio, non ti fermi. Cominci a correre più veloce di prima, arrabbiato in un certo senso per riprendere possesso della sfera. I bambini guardano i genitori e imparano da loro come affrontare le delusioni.

Ciò che non ci uccide, ci rende più forti. Anche gli individui che diventano paraplegici dopo un incidente alla spina dorsale, velocemente, in otto settimane, riferiscono di avere già più emozioni positive che negative. Dopo qualche anno, il loro livello di felicità è solo leggermente al di sotto di quello di individui non paralizzati. L'ottantaquattro per cento dei quadriplegici crede che la propria vita sia nella media, a volte addirittura al di sopra della media.[225]

Bisogna spendere qualche parola su ciò che si chiama 'crescita post-traumatica'. Molti studi mostrano che, dopo prove quali il cancro, un infarto, un combattimento militare, un disastro naturale o altri eventi in apparenza terribili, segue una crescita positiva. Questi benefici includono forza personale, auto-stima, apertura mentale, migliore spiritualità, compassione per gli altri, migliore apprezzamento degli altri e più intimità nelle relazioni sociali.[226] Queste persone possono 'fare un salto in avanti' e non 'fare un salto indietro' nel vedere tutti gli aspetti positivi che possono derivare dal terribile evento che hanno subito.

Raggiungere la padronanza

Col gioco, ripetuto migliaia di volte durante la pratica, in un ambiente con connessione, si arriva alla padronanza dell'abilità. Pochi sentimenti nella vita sono migliori del raggiungere la padronanza. "So farlo! L'ho fatto! Ora lo capisco! Wow!" Queste sono le urla della padronanza. Una volta che senti questa gioia, vuoi continuare a sentirla di nuovo. Una volta che sai andare in bici, hai imparato un'abilità che ti fornirà gioia per sempre.

Ci sono molti altri buoni esempi di cosa vuol dire raggiungere la padronanza. Per esempio quando hai imparato per la prima volta a guidare un'automobile. Oppure, per me, quando ho visto per la prima volta pubblicati i miei primi libri di medicina.

Il sentimento di padronanza spinge la persona a voler fare sempre di più. Diventi auto-motivato. Non hai bisogno di una motivazione esterna, dai genitori, dal compagno, dai colleghi, dagli amici. La motivazione viene dalla tua propria realizzazione: lavorare sodo a qualcosa in cui sei bravo (la tua forza) ha dei notevoli benefici, che contano per te in modo diretto. Alla gente piace fare le cose che sa fare meglio.

Se ce la metti tutta, fai un bel lavoro e poi non ottieni un bel risultato, magari prendi un 6 come voto, questo ti toglie l'auto-motivazione. Se ciò avviene ripetutamente, potresti scoraggiarti, e poi non voler provarci più, senza sperimentare cosa potrebbe succedere e dove potresti arrivare sforzandoti al massimo.

Da adulto, ciò può succedere in una società non-meritocratica, o con un capo ingrato. Critiche esagerate o aspettative eccessivamente alte possono venire soprattutto dai genitori, o dagli insegnanti. Oppure possono essere intrinseche, e possiamo essere noi i nostri peggiori nemici, non permettendoci l'occasione di provarci, perché crediamo stupidamente di non riuscire mai a realizzare i nostri sogni.

Al contrario, se non dai il meglio di te stesso e ottieni lo stesso un 10, anche ciò può essere controproducente, dal momento che la lezione che interiorizzi sarà che non paga lavorare molto, dal momento che uno può arrivare al top senza sudare troppo. Il bambino che è lodato comunque dai genitori come il migliore del mondo, interiorizzerà la nozione che l'impegno e il lavoro duro non sono necessari nella vita.

Ancora una volta, una delle chiavi per la felicità, cioè lavorare molto ad un compito che ti spinge fino al limite delle tue abilità e che tu ritieni importante, si perde, e a volte non si recupera più.

L'autostima è il risultato della padronanza, non solo delle lodi esterne. Dopo che sei capace di padroneggiare un compito difficile, la tua autostima cresce naturalmente. Ricordo quando ho pubblicato la mia prima ricerca in una rivista importante nel mio campo, *Obstetrics & Gynecology*. Ad un meeting in facolta', uno dei miei colleghi mostrò una diapositiva con la ricerca e il mio nome, congratulandosi del grande risultato. Questo riconoscimento esterno, pubblico, mi diede un grande senso di orgoglio, che non mi ha mai lasciato. Ricordare quell'episodio mi spinge sempre a fare di più.

Dopo questi successi, segue la sicurezza, l'abilità di leadership, l'iniziativa e il desiderio duraturo di lavorare intensamente. Vuoi lavorare non perché senti che dovresti, ma perché vuoi sperimentare di nuovo quella sensazione impareggiabile di padronanza.

Perciò se vuoi che il bambino abbia successo da grande, fa che arrivi alla padronanza dopo tanta pratica e tanto intenso lavoro. Vorra' sempre tornare a godere di queste sensazioni. Assicurati che il tuo bambino comprenda che raggiungere qualcosa non è solo padroneggiarla. La padronanza significa che l'impresa che hai compiuto ti dà la sensazione interna, personale di sentirti realizzato. La lode esterna non ha niente a che fare con la sensazione di padronanza, che uno può sentire soltanto dentro di sé. La lode anche continua da parte dei genitori non può sostituire ciò che il bambino ha bisogno di raggiungere da solo.

Dalla padronanza viene anche l'ottimismo. L'ottimismo è la tendenza a credere che c'è sempre una soluzione, che c'è sempre speranza, non importa quanto siano o sembrino difficili le cose. Parte dell'essere ottimista si eredita geneticamente. Io sono certamente nato ottimista e non potrei cambiare in pessimista, il mio essere non può nemmeno sforzarsi a pensare in quel modo. Immagino che la stessa cosa sia per i pessimisti.

Ma l'ambiente infantile può certamente aumentare l'ottimismo innato; e può alleviare il pessimismo innato. Può rendere ottimiste molte persone che sono nate, per così dire, neutre di carattere. Come si insegna l'ottimismo? Un genitore e un insegnante dovrebbero mostrare ad un bambino come vedere il lato positivo delle cose. Come interpretare gli eventi in un modo più allegro. Come apprezzare il lato positivo. Come non concentrarsi sull'aspetto negativo. Come non lasciare che una sconfitta diventi il risultato atteso di qualsiasi tentativo futuro.

Per insegnare l'ottimismo, bisogna mostrare al bambino come possa ottenere il successo, in qualsiasi cosa. Un bambino che ottiene il successo, anche un piccolo risultato, impara ad essere ottimista. Più grande è il successo, più diventa sicuro e ottimista. Al contrario, un grande fallimento iniziale, messo in risalto dai suoi cari e mostrati in pubblico, può essere devastante, e può portare a renderlo un pessimista per tutta la vita.

Perciò il genitore, in particolare, deve essere consapevole di tutte le attività del bambino e metterle nel giusto contesto positivo. I premi e i successi devono essere correlati dal genitore al duro ma proficuo lavoro del bambino. I fallimenti devono essere discussi e superati. Ancora una volta la connessione con qualcun altro che faccia da mentore al bambino durante i primi anni di vita è essenziale.

Uno dei migliori riferimenti per insegnare ad un bambino come essere ottimista è *Learned optimism*, di Martin Seligman. Inoltre in *The psychology of hope: you can get there from here*, C.R. Snyder, Ph.D., dichiara che i tre elementi dell'ottimismo nei bambini sono: 1. Un obiettivo; 2. La forza della volontà, per esempio l'energia necessaria per raggiungere un obiettivo; 3. La *waypower*, cioè la sensazione interna che hai la possibilta' di trovare il modo per raggiungere il tuo obiettivo.

Se riesci a far crescere il tuo bambino facendolo diventare ottimista, avrà molte più possibilità di essere un adulto felice. L'ottimismo è uno dei più forti fattori di predizione della felicità da adulti. E il bello è che, una volta che sei proteso a pensare da ottimista, ciò ti rimane per tutta la vita.

Secondo la *Via Strength Survey for Children*, che trovate a www.authenticchappiness.com, i due migliori punti di forza di nostro figlio più piccolo Pietro, a tredici anni, sono la speranza e l'ottimismo. È nato ottimista, ma spero che abbia anche rafforzato questa qualità crescendo in un ambiente sereno e pieno di connessione.

Io sono felice mentre mi sto impegnando a far pratica e poi arrivo a padroneggiare qualcosa. Per esempio, quando sto per finire di scrivere un libro. O quando presento una nostra nuova ricerca scientifica. O nei momenti di flusso quando sto facendo del brainstorming sul significato dei dati appena scoperti, e compongo dal niente delle spiegazioni convincenti nelle conclusioni del manoscritto. Questa parte del brainstorming con uno dei nostri colleghi è la parte che mi da più soddisfazione. Sono felice, anche se un po' meno, anche quando faccio un bel gol durante una partita di calcio a Starr Garden qui vicino casa mia a Philadelphia. Sento di aver compiuto qualcosa. Sento che ancora una volta 'ce l'ho fatta'.

Il riconoscimento

Il riconoscimento è il sentirsi stimato dagli altri, specie da coloro che rispettiamo. Molti bambini riescono a capire sin da piccoli ciò che gli altri vogliono da loro, e riescono a farlo, ottenendone lodi. Quando un bambino fa i suoi primi passi o impara ad andare in bici, riceve grandi applausi. È importante dare al bambino la giusta lode per il meritato successo. Ed è importante che raggiungano la maestria e perciò meritino riconoscimento per qualcosa che a loro piace, non per ciò che piace ad altri. Devono essere valutati e riconosciuti per quello che sono veramente e per le loro abilità personali. Hanno trovato qualcosa che sanno fare bene.

La maggior parte degli adulti ricorda un'insegnante che li ha ispirati a fare un lavoro eccellente, la cui opinione il bambino teneva veramente in grande considerazione, e che lo lodava al momento giusto per i suoi successi e i suoi comportamenti corretti. Dare ad un bambino una responsabilità lo motiva. Una volta che sai che il tuo compito e le tue azioni sono importanti per le persone che sono importanti per te, allora ciò che fai diventa più stimolante per te.

Tutto questo ha un'altra importante conseguenza. Ti senti più vicino e connesso alle persone che ti hanno elogiato. Questo riconoscimento crea un ponte che dalla padronanza torna alla connessione.

Da parte mia, diventare un dottore in medicina mi ha dato come primo premio elogi da mio padre. In seguito mi ha permesso di parlare la sua lingua, la lingua dell'ostetrico-ginecologo. Quando impari a fare qualcosa bene e qualcun altro valuta questo tuo risultato, senti non soltanto un senso di orgoglio personale, ma anche la sensazione di essere connesso con qualcun altro, con la persona che hai idealizzato e che ora sta riconoscendo il tuo lavoro. Inoltre senti una connessione con l'intera organizzazione, o professione, in questo caso, con tutti i medici ostetrici-ginecologi.

Il riconoscimento è la verifica naturale che ciò che stai facendo è valido. Questo quindi ti motiva a fare di più. Mikaly Csikszentmihalyi coniò il termine *autotelico* che significa 'interiormente motivante', da 'auto' se stesso, e 'telos' obiettivo.

Suoni il piano perché ti piace, non perché ottieni un premio o un riconoscimento esteriore. Una persona autotelica ha bisogno di pochi beni materiali e pochi intrattenimenti, comodità, potere o fama, perché gran parte di ciò che fa è già gratificante in sé, per motivi di soddisfazione personale. Meno ci si basa su motivazioni esterne e più si diventa 'autotelico'.

Assicurati che tuo figlio abbia dei momenti durante i quali gode per quello che è, e che anche altre persone godano per quello che lui è. In questo caso l'esperienza è positiva sia interiormente che esternamente. Il genitore o l'insegnante dovrebbe guidare il bambino verso delle attività che hanno una grande possibilità di essere associate ad esperienze positive.

Vi faccio un esempio personale. A 2,9 secondi dalla fine di una partita di pallacanestro del campionato delle scuole medie di Philadelphia, nostro figlio Pietro segna il canestro decisivo, che trasforma una potenziale sconfitta in una grande vittoria. La folla lo applaude. Io alla fine della partita faccio invasione di campo e lo abbraccio, dopo avergli gridato dagli spalti la mia gioia. Anche lui, Pietro, è raggiante e convinto di aver giocato una bella partita. Storia vera della primavera del 2013.

Una volta che il bambino o giovane adulto attraversa questa crescita interiore, sviluppa qualità importanti, quali l'autostima e la fiducia. Queste virtù dovranno in seguito essere alimentate, ma di solito durano tutta la vita e danno un grande contributo al raggiungimento della felicità. Il bambino continuerà da adulto a partecipare, a migliorarsi, a realizzarsi.

Una volta ottenuto il riconoscimento, di solito si prova una forte sensazione di connessione al gruppo. Diciamo che è come l'attaccamento alla squadra, per la quale hai segnato. O per cui hai giocato una bella partita. O come quando hai ottenuto un obiettivo importante per la tua famiglia. Oppure hai vinto un premio per cui la tua scuola o la tua università o i tuoi colleghi ottengono anche loro un riconoscimento. Questa sensazione di intima connessione con un gruppo più grande di te è la radice del comportamento morale.

Quando il riconoscimento è specifico e dato deliberatamente, è più motivante del denaro.[227] Quando un leader permette ad un dirigente dell'azienda di lodare pubblicamente un altro impiegato, tutti e tre si sentono appagati. L'atteggiamento e tono della voce sono più importanti di ciò che effettivamente si dice quando si elargisce un riconoscimento. Ed è importante sapere che ci vogliono circa tre commenti positivi per cancellare gli effetti deleteri e duraturi di un commento negativo.[228]

Per me, il riconoscimento è probabilmente la motivazione più forte che possa ricevere. Il riconoscimento ricevuto da chi amo e ammiro è una delle ragioni principali delle mie azioni. Le mie azioni come marito sono motivate dal riconoscimento di mia moglie, della mia famiglia e dei miei amici. Le mie azioni come padre sono motivate dal riconoscimento dei miei figli, della mia famiglia e dei miei amici. Le mie azioni al lavoro sono motivate dal riconoscimento dei miei colleghi e della mia famiglia. Una delle cose più motivanti per me, sia personalmente che professionalmente, è essere un buon esempio per gli altri.

Uno dei migliori tipi di riconoscimento, per me, è la reputazione. Se una persona è nota per essere gentile, altre persone la cercheranno. Anche persone 'meno brave' cercheranno di essere più educate e rispettose per stare accanto a persone che gli altri ritengono siano 'brave'. Una persona cattiva, di solito, ritiene che gli altri siano a sua volta cattivi nei suoi confronti.[229] La mia reputazione personale e professionale è il risultato di cui sono più orgoglioso, molto di più di qualsiasi premio nazionale o internazionale che io abbia mai ricevuto.

Ci possono essere diversi problemi riguardo al riconoscimento. Per prima cosa, alcuni bambini - poi adulti - potrebbero imparare a giocare a compiacere di continuo gli altri. Per esempio assecondare sempre e comunque i genitori può creare adulti privi di personalità propria, individui che non scoprono mai chi sono realmente. A volte anche da adulto, non si riesce a liberarsi del senso di dover compiacere ad ogni costo un genitore.

In secondo luogo, ho la sensazione che molti dei miei colleghi - me compreso - che hanno raggiunto tanti successi professionali, si siano abituati ai riconoscimenti talmente tanto che continuano a cercare di ottenerne sempre di più, senza mai riuscire a rilassarsi almeno un pò.

In terzo luogo, se un bambino, o più tardi un adulto, cerca il riconoscimento principalmente come mezzo per sconfiggere il prossimo, si può diventare narcisisti. Queste persone hanno un appetito insaziabile per la lode continua. Si è talmente concentrati ad ottenere un riconoscimento, che non si riesce a donare agli altri, non si riesce ad amare gli altri e perciò si è soli ed infelici.

Il fattore cruciale che differenzia il bisogno continuo del narcisista per la lode dal sano godere per il riconoscimento della sua maestria di una persona normale, è il fatto di essere connesso ad altre persone. Il narcisista non ha mai avuto, o ha perso lungo la strada, la connessione verso qualcuno che ammira, verso un amico o un familiare.

Conosco diversi narcisisti. Possono essere medici eccellenti, che hanno dato tanto alla professione, che a sua volta ha dato loro tanta fama, a tal punto da dimenticare di curarsi della loro famiglia. Alcuni addirittura non hanno mai avuto tempo di crearsi una vera famiglia, dal momento che non si sono concessi l'opportunità di connettersi agli altri in modo profondo, ad eccezione di eventi come conferenze o progetti di ricerca. Riescono a connettersi ad un team, a persone con gli stessi interessi, ma amano troppo se stessi, e quindi volano solitari nella vita, anche se costantemente nel pubblico. Interiormente, si sentono disconnessi, soli.

In quarto luogo, è importante mantenere i piedi per terra e mitigare l'entusiasmo dei bambini quando arriva il primo successo, e i primi riconoscimenti. È molto triste raggiungere il top nella vita, in termini di riconoscimento e successo, quando sei un adolescente o almeno quando hai meno di 20-25 anni. È importante mantenere entusiasmo, visione e eccitazione, come anche disciplina, pazienza e determinazione, per tutta la vita.

Come essere genitore di ragazzi felici

Sei probabilmente già adulto. Non puoi cambiare la tua infanzia, e forse mentre leggevi queste pagine hai già trovato qualcosa del tuo passato che avresti voluto fosse differente, migliore. Comunque assimilando le lezioni appena riassunte sulle radici infantili della felicità adulta, puoi diventare almeno un genitore migliore, uno zio migliore, un insegnante migliore.

Da genitore, abbiamo un ruolo cruciale e un'enorme responsabilità verso i nostri figli. Un impegno di cui dovremmo essere più consapevoli, discutere di più, e praticare di più. La cosa più importante che dobbiamo fare da genitori è amare.

I genitori non dovrebbero mai dimenticarsi di quanto i loro figli hanno bisogno di sentirsi al sicuro, e profondamente amati. Rannicchiatevi con loro a letto e abbracciateli. Dategli amore incondizionato. È nel dare amore che riceviamo amore. È nel dare che riceviamo.

Un bambino non dovrebbe guadagnarsi l'amore. Deve sentire di avere delle connessioni affettive salde. Al contrario, un bambino che ha un attaccamento incerto avrà problemi per tutta la vita, con conseguenze permanenti.

In base ancora una volta a ricerche scientifiche del Dottor Edward M. Hallowell,[230] come genitori dobbiamo seguire linne precise di comportamento per incoraggiare tutte le attività che aumentano il livello della felicità nei nostri figli. Ecco la lista.

Parlate ai vostri figli

È molto importante comunicare spesso e apertamente con i tuoi figli. Dategli consigli. Incoraggiate la spontaneità nella discussione di argomenti intimi. La scorsa notte, mentre eravamo tutti e quattro fuori a cena, è venuto fuori l'argomento spermatozoi. Probabilmente perché qualcuno aveva avuto una polluzione notturna.

Ho quindi disegnato su un tovagliolo il sistema genitale femminile, incluso l'utero, le tube e le ovaie, e spiegato il ciclo mestruale, enfatizzando l'impontanza di sapere quando una donna sta ovulando e perciò è fertile. Poi abbiamo discusso di come le uova e gli spermatozoi s'incontrano, e di come avviene un aborto e un parto normale. I nostri due figli erano incantati, e Pietro si è tenuto il tovagliolino per delle lezioni che aveva il giorno dopo, per mostrarlo all'insegnante.

I bambini assorbono qualsiasi cosa diciamo. Sono spugne per la conoscenza. I genitori sanno che i bambini si ricordano cose dette dal padre o dalla madre settimane o mesi prima. Lo notiamo di più quando si ricordano di qualcosa di brutto, come quando dicono una parolaccia. Ma rammentano anche quando siamo di buon esempio. Qualsiasi cosa facciamo, ci copiano. Qualsiasi cosa diciamo, viene impresso in quello che diverrà il loro io.

I genitori hanno una tremenda responsabilità. Le loro parole, e la vita che conducono di fronte ai loro figli, si insinuano nell'anima della prossima generazione più in profondità di quanto ci rendiamo conto. Perciò ogni azione, ogni giorno, conta. Dovremmo provar godimento nel passaggio di esempi di buone azioni ai nostri figli.

Sii interessato, ma non troppo, a ciò che fanno. Trova il modo per far sì che loro possano parlartene. Amano la privacy. Perciò sii presente, accompagnali o va a riprenderli dalle loro attività. Il tempo da soli in macchina è prezioso. Assicurati pero' di non essere troppo curioso. E non rivelare a nessuno i loro segreti. Nemmeno alla tua compagna, se possibile. La fiducia si instaura tra due persone, in questo caso il figlio ed il genitore, e basta.

Uno dei miei momenti da genitore che mi è più rimasto impresso fu il giorno che stavo accompagnando Andrea e Pietro a nuoto. Non guido mai per andare a lavoro, visto che abito a duecento metri dall'ospedale, ma guido invece la sera o nei fine settimana per portarli alle varie attività, di solito sportive.

Quel giorno il traffico era intenso, e i nostri soliti 35 minuti di guida per arrivare alla piscina erano già diventati 45, e non eravamo ancora a metà strada. Mi sentivo frustrato, stressato. Avevo finito le domande e gli argomenti per far conversazione con i miei figli. Seguirono dei momenti di silenzio.

Andrea ruppe il silenzio dicendo: "Papà, ho una cosa da chiederti. Sai mantenere un segreto?" Aveva 11 anni all'epoca. Improvvisamente divenni attento e emozionato. "Certamente Andrea, puoi contare su di me". Mi rivelò che gli piaceva una ragazza della quinta elementare, e che anche lui piaceva a lei. Erano diventati ragazzo e ragazza. Da allora adoro quando c'è traffico, così da avere più tempo da trascorrere con i miei figli in macchina, parlare dei loro pensieri, problemi, sogni, obiettivi, amori.

Sii comprensivo. Comportati come se avessi constantemente le braccia e le orecchie aperte, e qualsiasi cosa vogliano dirti, va bene.

Quando i tuoi figli iniziano ad avere fiducia in te, sapendo che non sarai severo con loro e che possono condividere apertamente con te i loro segreti più intimi, ti diranno più spontaneamente cosa stanno pensando. Sarà più probabile che si apriranno e ti faranno comprendere le loro insicurezze. Su un bullo a scuola. Sui loro primi amori.

Il tuo ruolo come genitore è semplicemente essere la spalla su cui possono appoggiarsi. L'orecchio in cui possono riporre la loro fiducia. Il forum dove possono serenamente analizzare a voce alta i loro pensieri e i loro sentimenti più intimi. È un'esperienza fantastica per un bambino, ma quasi altrettanto per un adulto.

Trascorri il tempo con i tuoi figli

Dopo l'amore incondizionato, forse la seconda cosa più importante che puoi donare ai tuoi figli è il tuo tempo. La presenza di un genitore a casa è particolarmente importante nei momenti critici, per esempio al mattino, dopo scuola, a cena, all'ora della nanna. Come abbiamo detto sopra, imparano la maggior parte delle cose seguendo il vostro esempio, per cui il solo fatto di essere in giro per casa e permettere loro di comprendere il vostro comportamento e i valori che vi guidano, è impagabile. I genitori dovrebbero impegnarsi regolarmente con i figli in attività che li portino ad interagire.

Abbiamo già visto tante attività che potete fare con i vostri bambini. Un'altra di queste, molto importante, è leggere a voce alta ai vostri figli, finchè te lo permettono, quando sono giovani. Oppure leggere accanto a loro mentre leggono il loro libro, facendo da buon esempio.

Mi piace fare sport con i miei figli. Ci fornisce un forte legame. Di recente ho fatto un triathlon con Andrea, il nostro figlio più grande. Si è divertito moltissimo, a 15 anni, a fare 1km a nuoto, 30km in bici, e gli ultimi 7km di corsa. Mi ha battutto, si è sentito forte, ha raggiunto un traguardo importante. So che ha interiorizzato l'importanza dell'allenamento, che porta a un buon risultato e anche a rimanere in forma per tutta la vita.

Toccate, abbracciate, baciate, accarezzate, massaggiate i vostri figli. Lottate, arrotolatevi, saltate sul letto insieme a loro. Queste sono tra le mie attività preferite da fare con loro. Voglio fargli sentire il mio affetto anche fisicamente, non solo a parole e con gesti affettuosi. I bambini amano di solito la fisicità, e godono nello sfogare le loro energie.

I genitori dovrebbero far capire la centralità del concetto della connessione ai loro bambini in modo esplicito e diretto. Devono dirgli: "È proprio importante per noi come famiglia creare una sensazione di unione, di connessione". Nella nostra famiglia ceniamo seduti tutti insieme a tavola ogni sera. Non c'è la TV nella nostra sala da pranzo. Nessun apparecchio elettronico è permesso a tavola. L'enfasi è sul condividere le esperienze della nostra giornata. Ci scambiamo le sensazioni e i sentimenti che i fatti principali della giornata ci hanno fatto provare. Progettiamo le attività dei giorni successivi.

Viaggiamo nel mondo insieme, come una famiglia. Partecipiamo ai tornei di scacchi nazionali negli U.S.A. andandoci insieme. Facciamo cena fuori insieme. Solo noi quattro. È interessante che non sono solo i genitori che lo preferiscono, ma ne giovano anche i figli. Pietro in particolare, ma anche Andrea, vuole spesso andare a cena fuori solo noi quattro. Non sono timidi, ma sono meno felici quando Paola ed io invitiamo altri amici.

I figli che hanno in precedenza descritto la loro relazione con i genitori come affettuosa e amorevole, in seguito hanno meno della metà di malattie serie rispetto a bambini che hanno descritto il loro rapporto con i genitori come freddo e distante.[231] Tra i fattori che più impediscono la connessione, ci sono i genitori (o allenatori o insegnanti) che dominano con intimidazioni.

Insegna ai tuoi figli i valori fondamentali della vita

Alcuni valori fondamentali hanno resistito alla prova del tempo. Questi sono:[232]

- Saggezza; Conoscenza;

- Temperanza; Autocontrollo; Buone maniere;

- Amore; Altruismo; Umanità;

- Giustizia; Onestà; Sincerità;

- Ottimismo; Ricerca ed enfasi delle esperienze positive;

  Saper superare i cattivi ricordi;

- Coraggio; Speranza; Impegno; Dedizione; Passione; Entusiasmo; Capacità di progettare il futuro;

- Perdono e Misericordia;

- Spiritualità; Senso di aver un fine nella vita; Trascendenza;

- Giocosità e Buon Umore.

Molti di questi valori ne includono altri. Per esempio la saggezza include anche la curiosità, l'amore per l'apprendimento, il giudizio, il pensiero critico, l'apertura mentale, l'intelligenza sociale, l'intelligenza personale, l'intelligenza emotiva e prospettiva. L'amore include anche la gentilezza, la generosità, il prendersi cura del prossimo, la gratitudine, e la capacità di amare, ma anche la capacità di essere amato. La temperanza include anche la prudenza, la discrezione, la cautela, l'umiltà, la modestia, la gentilezza, le abilità interpersonali, il lasciar passare prima una donna, l'aspettare il proprio turno, non tagliare la strada di fronte alle persone, ascoltare gli altri e la condivisione.

Ovviamente molte di queste virtù si soprappongono un pò tra di loro. Questi valori fondamentali sono anche tratti morali. Devono essere distinti dai talenti come la bellezza fisica, la velocità nella corsa oppure l'essere intonati, che possono essere valori ma non sono valori morali.

Questi valori personali da seguire per tutta la vita sono esattamente gli stessi in tutte le grandi religioni e filosofie. Gli Antichi Egizi, l'Antico Testamento, il Talmud, Aristotele, Platone, Confucio, Buddha, il Corano sono tutto basati su queste stesse virtù. Sono stati sintetizzati in questi suggerimenti universali: 1. Reciprocità – fai agli altri ciò che vuoi sia fatto a te; 2. Non-violenza e Rispetto per la vita; 3. Giustizia e Solidarietà; 4. Onestà e Tolleranza; 5. Stima reciproca e Aiuto vicendevole.[233]

L'aspetto più importante da comprendere riguardo questi valori è che sono acquisibili. Il talento non è facile trovarlo. Ma con impegno e allenamento, le virtù appena menzionate possono divenire parti di noi, e usate nella routine quotidiana in modo spontaneo da chiunque.

La responsabilità di donare

Ai bambini deve essere insegnato sin dalla tenera età che è meglio donare, che ricevere. In una famiglia, i bambini dovrebbero iniziare ad apprezzare il fatto che loro non soltanto prendono (per scontato…), ma anche danno e contribuiscono. I figli che aiutano nelle faccende di casa sviluppano l'attitudine del 'posso-farcela', 'voglio-farcela'. Sono attivi.

C'è qualcosa di magico nel fare qualcosa per gli altri, che ci fa stare bene. Mi ricordo quando a quattordici anni i miei genitori mi mandarono a comprare la pizza a circa trecento metri da casa. Fuori faceva freddo e piovigginava, e all'inizio mi sfiorò il pensiero che mi stessero sfruttando. Ma non ho mai dimenticato la sensazione di successo quando mi resi conto che ce la potevo fare, e tornai a casa raggiante con una deliziosa pizza calda. La sensazione fu così positiva nel mio animo che mi venne subito voglia di fare presto un'altra di queste faccende, per sperimentare di nuovo lo stesso brivido di realizzazione, di successo. Mi sentivo come fossi entrato più profondamente nei loro cuori.

Sentire che gli altri ti devono qualcosa è meraviglioso. Non perché vuoi che gli altri ti ripaghino, ma semplicemente per la gioia che viene quando ci si accorge che qualcuno che ami ti riconosce come una brava persona. La scienza ha provato che i bambini che comprendono questa connessione tra il fare una faccenda e dei sentimenti positivi personali, ha più probabilità di otterrere da adulti un buon lavoro.

Ciò sembra un pò calvinista. Ovviamente si può esagerare all'altro estremo. Per esempio, i genitori devono aspettarsi dal figlio un rendimento scolastico decoroso, senza pretendere che vada per forza a Harvard. Un bimbo può iniziare a rifarsi il letto, ma non deve rifare tutti i letti di casa. Se un giovane adulto sta studiando in modo produttivo, non dovrebbe lavorare molto anche fuori da scuola. Ma un pò di lavoro è terapeutico a qualsiasi età, anche in età giovanissima e da molto anziano.

Insegnate anche ai vostri figli che uno studente che ottiene ottimi voti a scuola può anche divertirsi con gli amici e passare del tempo a giocare. Non ci si deve vendere l'anima per eccellere. Uno dei miei motti è: Impegnati al lavoro, e divertiti come un pazzo nel tempo libero.

Se Stessi

Assicurati che i tuoi figli coltivino ciò che di speciale c'è in loro. Molti dei più importanti progressi nella storia sono dovuti a persone che sono state abbastanza coraggiose da permettersi di pensare in modo diverso, di ignorare luoghi comuni, senza paura di 'cantare fuori dal coro'.

Queste persone eccezionali hanno agito contro concetti radicati nel credo comune, sono state denigrate, inizialmente non gli si è data fiducia. Pensate a Semmelweis, Einstein, Galileo, Leonardo. Come mi diceva sempre mia madre da piccolo, i bambini devono essere incentivati per avere una mente propria, a pensare con la propria testa. Dobbiamo sempre cercare la verità, ed essere molto diffidenti di coloro che pretendono di averla trovata. Sono quelli che sono nel dubbio, che si sforzano cercare nuove ipotesi, che fanno progredire il mondo.

Le tradizioni familiari

Mantenete, continuate o inventate tradizioni familiari. Sono cresciuto con molte tradizioni, grazie in particolare a mio padre. Si è ricomprato dai i vari parenti, pezzo pezzo, la casa dove è nato, in un paese di 800 abitanti chiamato Sant'Apollinare. Lì facciamo ancora il vino, come molte generazioni di Berghella hanno fatto per un paio di secoli. Cantiamo a squarcia gola "Tu scendi dalle stelle" la notte del 24 dicembre. Mio fratello Michele mi disse in modo franco che il Natale non arrivava per loro se non tornavo a trovarli in Abruzzo, la mia regione d'origine, dove vivono tutti i miei parenti, a parte quelli acquisiti.

Io stesso ho continuato molte di queste tradizioni, come il cantare "Tu scendi dalle stelle", ora adottato anche da amici, e spero dai miei figli. Ho portato mio figlio Andrea alla vendemmia a Sant'Apollinare. Ho chiamato Andrea col nome di mio padre. Per almeno le ultime sette generazioni, Andrea e Vincenzo sono stati i nomi che si sono alternati per i primogeniti Berghella.

Coinvolgete i figli nella creazione e poi nel mantenere nuove tradizioni. Per esempio noi mangiamo al McDonalds o al Kentucky Fried Chicken solo durante lunghi viaggi in macchina. Seguite sempre le vostre tradizioni, di continuo, anno dopo anno. I vostri figli si divertiranno e ne gioveranno.

Il senso del passato

È importante per i bambini ascoltare la storia della loro famiglia. Adoro portare Andrea e Pietro alla cappella di famiglia del cimitero a Sant'Apollinare. Vedere scritto sulle tombe Vincenzo Berghella (il nome di mio nonno) e Andrea Berghella (il nome del mio bisnonno) mi da ogni volta i brividi, e penso che questo succeda ora anche ai miei figli. Ho fatto l'albero genealogico della famiglia Berghella tornando indietro di parecchie generazioni, e naturalmente ho aggiunto anche il lignaggio della famiglia di mia moglie Paola Luzi, che è effettivamente più lungo, più accurato e più illustre.

Mio padre dà il meglio di sé, credo, quando racconta quello che è successo alla famiglia Berghella durante la seconda guerra mondiale. Per esempio la storia di quando una bomba tedesca colpì la loro casa, passò dal tetto e rotolò sulle scale, ma miracolosamente non esplose. Oppure il racconto di quando i tedeschi invasero l'Abruzzo, e tutta la sua famiglia fu costretta a vivere in una grotta per mesi. O l'aneddoto di quando suo padre, Vincenzo Berghella, nascose molti soldi in una stalla, ma poi alla fine della guerra, trovò che la stalla si era incendiata, e tutti quei soldi erano andati in fumo.

La storia orale della propria famiglia è la storia più avvincente che un bambino possa apprendere. È la storia che ricorderai meglio da adulto. È la storia che più di tutte le altre guiderà le tue azioni e le tue scelte di vita.

La connessione con mio padre ha dato un significato molto più importante ai miei successi personali di ostetrico, dal momento che li comprende veramente, avendo fatto la stessa professione. Mia madre invece voleva diventassi un diplomatico come suo zio. Quindi l'ottenere elogi per le mie qualità di mediatore e di affabulatore hanno un significato maggiore per me grazie alla connessione con lei.

Sono riscaldato dai fuochi che i miei antenati hanno acceso e che si mantengono accesi dentro di me. Ricevo tanta soddisfazione interiore nel mantenere accesi questi fuochi, sempre più grandi, sperando che i membri della mia famiglia godino dei miei successi un po' come fossero i loro.

Gli amici

Gli amici contano. Moltissimo. Sono un capitale sociale. Una risorsa vitale. Come il denaro in banca. Se hai dei buoni, veri amici, hai una chance molto più alta di essere felice. Non soltanto. Hai persino più probabilità di rimanere in buona salute. Un bambino deve imparare ad essere leale con i suoi amici. Deve evitare di metterli in imbarazzo e di fare il bullo con loro.

Ti crei degli amici facendoli sentire inclusi. Quando fui presentato dal maestro come nuovo alunno della 5ª C, dopo essermi trasferito da Teramo a Pescara, uno dei bambini volontariamente mi chiese di essere il suo compagno di banco. Antonello è diventato in seguito, e non per caso, uno dei miei due testimoni di nozze. La morale è che trattando gli altri nel modo in cui vorresti essere trattato tu, ti fai degli amici.

I genitori hanno bisogno di mostrare ai loro figli come tengono ai loro amici, come cercano di mantenersi in contatto con loro, come ricordano i loro compleanni, come li aiutano quando sono nel bisogno, come sono disponibili a farli sfogare nei momenti difficili. Proprio come quando si sceglie un partner, scegliere un amico per la vita comporta scoprire i loro valori, che naturalmente derivano dai loro genitori. Perciò se ti piacciono molto i genitori, è molto probabile che ti piaccia anche la persona.

La spiritualità

I genitori non hanno bisogno di essere molto religiosi per essere utili sotto questo aspetto ai loro figli. Ma è stato dimostrato che ringraziare Dio, o qualsiasi altro essere superiore in cui crediamo, per le cose positive della nostra vita (tutti ne hanno un po') è utile e contribuisce ad aumentare la felicità.

Questo aspetto si può attualizzare per esempio dicendo le preghiere prima di andare a letto. Oppure ringraziando per il cibo prima dei pasti. Oppure semplicemente parlando con Dio in momenti speciali, come quando guardi estasiato un tramonto. Anche nei momenti difficili, meditare e pregare può essere molto utile, e migliora la salute e la felicità.

Apprendere conoscenze

Elogia l'apprendimento. L'apprendimento a casa, l'apprendimento a scuola e l'apprendimento che possiamo ricevere in ogni momento della nostra vita. Continua a studiare. Prenditi una laurea da genitore adulto, mostrando quanta gioia ottieni da questa esperienza. Il bambino interiorizzerà quanto importante sia apprendere nel raggiungere la felicità. Incoraggiate i vostri figli a chiedersi sempre "Perché?" Fatene degli apprenditori di conoscenze per tutta la vita.

Esponeteli a tutto. A qualsiasi tematica, come la natura, le scienze, gli animali, il mondo della bellezza e delle arti. Mostrate loro come possano ottenere da soli più informazioni, senza che siate voi o qualcun altro a doverli forzare. Fateli diventare investigatori spontanei di ciò a cui sono interessati.

Evitate di pretendere troppo e soprattuto non fate che vivano la vita che VOI vorreste per loro

Le radici infantili dell'infelicità spesso derivano da genitori che si aspettano dal figlio più di quanto quel bambino possa fare. Da genitori che fissano degli obiettivi e degli standards che un bambino non potrà mai raggiungere. Pretendere troppo è una maledizione per un bambino. "Fai del tuo meglio" è invece il consiglio che infonde il giusto quantitativo di sprone.

Uno dei più grandi errori dei genitori è mettere troppa enfasi su un certo obiettivo. Perciò se un bambino non entra a Harvard, non ottiene il Premio Nobel o non vince le Olimpiadi, si sente un fallimento, e gli si preclude la felicità. Per sempre. Non legare l'amore per tuo figlio alla realizzazione di questi tuoi obiettivi ridicoli. Molti laureati di Harvard sono infelici, perchè hanno realizzato il sogno dei loro genitori, ma non il loro. Circa l'ottanta per cento degli studenti di Harvard soffre di depressione.[234] Ognuno deve giocare la propria partita. A volte è necessaria una crisi di mezza età per rendersene conto.

Come disse Edward M. Hallowell: "Ciò che determina il successo e la felicità nella vita è, naturalmente, non la qualità del college dove una persona va, ma la qualità della persona che va al college".[235] Adoro questa frase e l'ho ripetuta spesso ai miei figli.

L'immaginazione di un giovane adulto, l'ambizione, la perseveranza, la maturità, la disciplina e l'abilità sono le qualità che portano al successo, non il college. Un ragazzo in gamba darà il meglio di se stesso anche in un college mediocre, mentre un ragazzo mediocre sperperà le opportunità date da insegnanti eccezionali in college eccellenti. Conosco un bel po' di infelici che si sono laureati ad Harvard.

Come disse Shawn Achor: "Se i miei calcoli sono corretti, il 99% degli studenti di Harvard non è tra i migliori 1%".[236] Questa constatazione spesso distrugge la fiducia di questi ragazzi, perchè la loro aspettativa è stata la perfezione, non la felicità; la perfezione è la nemica del bene in certi casi.

Gli studenti di Harvard hanno in media meno di una relazione romantica e 0.5 partner sessuali nel corso dei quattro anni di college.[237] Hanno poco sostegno sociale, che è la chiave numero uno della felicità. Conosco molti adulti di grande successo che sono andati a scuola in università sconosciute o mediocri.

I maggiori pericoli nel pretendere Harvard o nient'altro da tuo figlio sono due. Per prima cosa, se non riesci ad entrare ad Harvard, sei un fallito (anche se entri a Princeton oppure a Yale). In secondo luogo, avere come unico obiettivo frequentare uno tra i migliori college (diciamo un Ivy League) impedisce al giovane di talento di sviluppare la parte migliore e vera di se stesso e di coltivare le sue proprie qualità.

Va bene che i genitori rendano il figlio responsabile. Va bene mettere un pochino di stress ad un bambino. Va bene chiedergli un riscontro. Sono d'accordo col dirgli: "Sono venuto qui in Italia dall'Albania sacrificando la mia vita per darti un'opportunità ed un'istruzione per una vita migliore".

Ma non esageriamo. A volte mi sono risentito un po' quando mio padre diceva che aveva lavorato tanto per noi figli; anche se ha funzionato nel motivarci. Non credo che mio padre abbia lavorato così tanto solo per mettere del pane sulla tavola e per mostrarci quale buon esempio lui fosse. A lui piaceva quello che faceva, si sentiva responsabile per i suoi pazienti e per il suo gruppo di lavoro. Sono sicuro che avrebbe lavorato tanto, nello stesso modo, anche se non avesse avuto figli. Ha scelto volontariamente di avere dei figli.

Non solo i genitori devono credere nei loro figli. Un altro ruolo chiave è quello degli insegnanti. Penso che il seguente studio scientifico renda perfettamente questo punto. Un gruppo di ricercatori ha somministrato dei test d'intelligenza a degli studenti di scuola elementare. Poi hanno detto agli insegnanti che avevano identificato alcuni studenti, diciamo, Giulia, Vittorio, e Francesca, come i migliori. Agli insegnanti è stato detto di non rivelare i risultati agli studenti e di trattarli tutti allo stesso modo, e che sarebbero stati osservati perchè fossero davvero imparziali. Alla fine dell'anno Giulia, Vittorio, e Francesca hanno ottenuto i migliori voti nelle verifiche oggettive di esame.

In realtà questi tre studenti all'inizio non erano i migliori, ma avevano invece ottenuto alla verifica iniziale risultati nella media! Il loro unico vantaggio era stato che i loro insegnanti *avevano creduto* che fossero i migliori, anche se non lo erano. Questi messaggi nonverbali, espressi evidentemente dagli insegnanti, dovevano essere stati notati in qualche modo anche inconscio dagli studenti, che eccelsero per questo sentirsi stimati.[238] Questo fenomeno è chiamato effetto Pigmalione. Il nostro credere nell'abilità di un'altra persona li porta al successo.

Benefici della felicità

Vorrei sperare che adesso vi stiate convincendo dell'importanza dell'essere felice. Ma, di fatto, esiste una tonnellata di dati scientifici per rispondere alla domanda: "Perché essere felici?"[239] Molte testimonianze e riferimenti scientifici su dozzine di vantaggi personali dell'essere felici sono disponibili nel Rapporto sulla Felicità Mondiale del 2013.[240]

Paragonati a delle persone meno felici, la gente più felice gode di tutti questi benefici:[241-243]

- <u>Umore, comportamento, socievolezza e produttività, organizzazione e reddito:</u>

   o *Più creatività.* La gente più felice tende ad essere più flessibile e innovatrice. I dottori messi in uno spirito positivo, dando loro solo una caramella dolce (!), fanno una diagnosi accurata del 19% più velocemente rispetto a colleghi del tutto simili a parte il fatto di non aver ricevuto la caramella. I commercianti ottimisti vendono il 56% in più dei loro colleghi pessimisti.[244]

   o *Migliore attività mentale.* Le emozioni positive scorrono nel nostro cervello tramite la dopamina e la serotonina. Queste sostanze chimiche ci fanno sentire bene, ma fanno anche lavorare meglio i centri di apprendimento del nostro cervello, aiutandoci ad organizzare le informazioni in modo più efficiente, mantenendo le informazioni nel cervello più a lungo e recuperandole più in fretta in seguito.[245]

   o *Migliori candidati ai test.* Ad alcuni studenti fu chiesto di pensare al giorno più felice della loro vita prima di sottoporsi ad un esame standardizzato di matematica. Fecero meglio rispetto a studenti simili di controllo.[246]

   o *Qualità di leaders e di mediatori.* Le persone che esprimono emozioni più positive durante gli affari sono più efficienti e hanno più successo di chi mostra attitudini più neutrali o negative.[247] I manager che danno frequentemente ai loro impiegati riconoscimenti e incoraggiamenti, guidano teams che fatturano il 31% in più di gruppi guidati da managers meno ottimisti, positivi e felici.[248] Un solo individuo negativo al lavoro può peggiorare il morale dell'intero gruppo.[249]

o *Più socievolezza.* Essere felici incoraggia interazioni e relazioni sociali più frequenti, e di superiore qualità.[250] Vogliamo tutti in genere stare in compagnia di persone felici, non di infelici. Quando siamo con un individuo positivo, tendiamo anche noi ad essere più positivi. La gente felice è in generale più amata dagli altri. Perciò, la gente più felice ha più probabilità di sposarsi e anche di rimanere sposata per tutta la vita. I felici hanno una rete più ricca di amici, e perciò più sostegno sociale. Per esempio, le ragazze che sembravano sinceramente felici sulle foto nell'annuario del college, hanno più probabilità di sposarsi e più probabilità di avere dei matrimoni sereni.[251] La gente più felice tende ad essere più popolare e piacevole. Perciò riesce a fare amicizie più numerose e più strette. E l'avere dei buoni amici li rende di rimando ancora più felici. Le persone felici sono anche colleghi, vicini e cittadini migliori.[252]

o *Più cooperatività e spirito di collaborazione.*[253]

o *Meno spesa e più risparmio.*[254]

o *Comportamento più pro-sociale.* I felici sono più generosi; donano più denaro, tempo, e sangue;[255] fanno più attività di volontariato.[256] Quando le persone sono di buon umore tendono ad aiutare gli altri. A sua volta aiutare gli altri incoraggia il buon umore. Questa situazione è in effetti un circolo vizioso, che porta potenzialmente a livelli altissimi di felicità.

o *Più resistenza alle difficoltà.*

o *Più autocontrollo.* Le persone felici sono capaci di ritardare una gratifica propria con lo scopo di compiere benefici più ampi nel futuro.[257] Sanno rinunciare all'uovo oggi, per ottenere e donare la gallina domani. Gli individui più felici sono più capaci di perseguire obiettivi a lungo termine.[258]

o *Più alta produttività.* I felici sono sempre indaffarati, sia a lavoro che a casa. Gli impiegati infelici prendono 15 giorni di malattia in più all'anno degli altri.[259]

o *Maggiore realizzazione professionale.* Le persone felici sono tenute in più alta considerazione dai loro capi.[260]

o *Maggior successo.* Molti credono che il successo porti alla felicità. Come abbiamo già detto, ciò è vero, perché la realizzazione e il riconoscimento conducono alla felicità. Ma è anche vero che *l'essere felici porta al successo.* Non è vero che di solito venga prima il successo e poi la felicità. In effetti, la causa prima è la felicità, poi seguita come conseguenza dal successo. La felicità è il precursore del successo. Tutti i benefici dell'essere felici elencati finora ci rendono più efficaci e prosperi.

Questo è un enorme cambiamento di pensiero. Prima di Copernico e del 1543, credevamo che il sole girasse intorno alla terra. Fino a poco tempo fa, pensavamo che la felicità girasse intorno al successo. In realtà, come il sole e la terra, è vero il contrario. La felicità è al centro, come il sole, e il successo gira intorno ad essa.[261] La felicità porta al successo in ogni ambito della nostra vita, come per esempio nel matrimonio, nella salute, nell'amicizia, nel servizio alla comunità, nella creatività, nel nostro lavoro e nella nostra carriera.[262]

o *Capacità di ritrovare presto e più spesso un nuovo lavoro dopo averne perso uno.*[263]

o *Capacità di essere promossi più di frequente, e guadagnare di più.* Uno studio scientifico ha dimostrato che le matricole al college più felici finiscono sedici anni dopo con l'avere un salario più alto rispetto ai loro pari meno felici ma per il resto simili.[264] Un altro studio ha misurato le emozioni positive negli impiegati, e poi diciotto mesi più tardi ha dimostrato che quelli più felici in seguito ricevono valutazioni migliori e paghe più alte.[265] La felicità è associata ad un reddito più alto.[266] La felicità inoltre predice il reddito futuro.[267]

- Salute e longevità

o *Vista migliore.* In questo studio, le persone sono state preparate inizialmente con emozioni positive o negative, tipo un massaggio o il vedere qualcosa che fa paura. Poi gli si è chiesto di guardare delle figure. Quelli con un umore migliore grazie all'aver ricevuto emozioni positive hanno visto meglio, sono stati capaci di cogliere più dettagli dello sfondo, e hanno dimostrato una visione periferica più ampia.[268] Effetti del genere ovviamente aiutano a comprendere e ad esaminare le cose meglio, durante tutto il giorno, in ogni attività.

o *Miglioramento della salute cardio-vascolare ed endocrina.*[269] Un atteggiamento positivo verso la vita è associato ad un minor rischio di malattie cardiache – specie quelle delle arterie coronariche – e di infarto.[270] I sentimenti positivi sono associati ad un minore livello di grasso corporeo, a pressione piu bassa e ad un indice di massa corporea più basso.[271]

o *Miglioramento del sistema immunitario.* Il livello di felicità è stato misurato in dei volontari, a cui è stato poi iniettato il virus del raffreddore. Una settimana più tardi, gli individui più felici avevano resistito più efficacemente al virus, e le analisi oggettive fatte dai medici sui segnali clinici e sui sintomi del raffreddore in queste persone più felici erano migliori di quelle dei meno felici.[272]

o *Meno processi infiammatori.*[273]

o *Meno stress ed ansia.* Ad un gruppo di persone è stato chiesto di fare un discorso in pubblico, che è fra le situazioni ritenute più stressanti, che sarebbe stato videoregistrato e poi giudicato. Prima è stato loro chiesto di guardare, a caso, dei video con elementi di felicità, neutrali o tristi. Quelli che hanno guardato i video che inducevano sentimenti di gioia e di soddisfazione ed erano quindi carichi di sentimenti positivi, hanno recuperato dallo stress del fare un discorso in pubblico e registrato molto più velocemente.[274]

o *Dieta con cibi più sani,* come frutta e verdura, e *più esercizio fisico.*[275] Quando sei felice ti senti meglio. Sei più in forma.

o *Meno comportamenti rischiosi per la salute.* La gente più felice usa le cinture di sicurezza più spesso quando guida, ed è coinvolta in meno incidenti d'auto.[276]

o *Minori tassi di suicidio.*[277]

o *Gravidanze più sane.* Le donne più felici hanno meno aborti, meno parti prematuri, e più neonati con un peso normale.[278]

o *Recupero più veloce dalle malattie.*[279]

o *Vita più lunga.* Ad un gruppo di suore di vent'anni è stato chiesto di scrivere pensieri ed emozioni nei loro diari. Decenni più tardi, è stato rilevato che le suore con diari dai contenuti più gioiosi avevano vissuto quasi dieci anni più a lungo delle suore con diari con contenuti neutrali o negativi! All'età di 85 anni, il 90% delle donne nel quarto più felice e il 34% di quelle nel quarto meno felice, era ancora viva.[280,281]

La felicità abbassa il rischio di mortalità sia negli individui sani che in quelli malati.[282] La gente con meno stress ha telomeri (la parte finale che protegge il nostro DNA) più lunghi, e questo potrebbe essere uno dei molti meccanismi che ne aumenta la longevità.[283] Non è una vita lunga che ci rende felici: viviamo più a lungo perché siamo stati sin da giovani più felici.

Questo è il cosidetto 'vantaggio della felicità'.[284] Persino i più piccoli colpetti di positività – una caramella; un sorriso - possono darci un importante vantaggio di competitività. Come si può notare, alcuni di questi benefici si alimentano a vicenda. Essere più socievoli porta ad una migliore collaborazione, ed è stato dimostrato che il lavoro di gruppo porta a lavorare in modo più efficace, che a sua volta porta a ottenere elogi, che poi porta alla soddisfazione che è associata alla felicità.[285]

Come amministratore, che è una delle mie attività al lavoro, questi concetti mi fanno ricordare la famosa frase di Jack Welsh, ex CEO della General Electric: "Assumili per l'atteggiamento, poi allenali per l'abilità". Il successo arriva quando uno si aggrappa alla vita e la vive pienamente. È un atteggiamento, non un'abilità. L'atteggiamento porta all'abilità.

La tua felicità dipende da te

"La nostra vita è la creazione della nostra mente". [286]

Buddha

È possibile allenare la mente come si allena il corpo? E allenare la mente ad essere felice? Certo, assolutamente. La felicità è qualcosa che tu scegli. Puoi imparare a cambiare il tuo modo di pensare. Possiamo controllare il nostro futuro. Il credere che possiamo far tutto ciò è un fattore molto importante per raggiungere felicità e successo.

La costruzione mentale delle nostre attività quotidiane, più che l'attività in se stessa, determina la nostra realtà.[287] Come abbiamo già visto, possiamo cambiare la nostra mente. Un altro esempio di cui non abbiamo ancora parlato è l'effetto placebo. Se crediamo che una medicina funzionerà, spesso ne trarremo beneficio, anche se come sostanza da sè non ha effetti.

In un altro esperimento, ad alcuni (chiamamoli 'casi') nello staff delle pulizie di un hotel fu detto che il loro lavoro era associato a benefici quali il consumo di calorie, ed esercizio con conseguente aumento della salute, mentre ad altri dello stesso staff questo non fu detto (chiamiamoli 'controlli'). Il personale delle pulizie che ha iniziato a pensare al proprio lavoro come ad un esercizio (cioè i casi), ha perso più peso ed ha avuto livelli di colesterolo più bassi, rispetto agli individui di controllo. I casi non avevano lavorato di più né si erano esercitati di più dei controlli. L'unica differenza era il modo in cui il loro cervello aveva concepito il lavoro che avevano fatto.[288]

L'esperienza della felicità cambia noi e cambia il mondo. Vari stati di benessere influenzano l'espressione genica grazie all'epigenetica.[289] La felicità è persistita durante la nostra evoluzione darwiniana come un tratto benefico perché aiuta la sopravvivenza, la riproduzione e il successo sociale, personale e professionale.[290]

Hai bisogno di tenere sotto controllo la tua vita. Gli impiegati che sentono di essere in controllo nei loro uffici sono migliori nel loro lavoro, hanno più soddisfazione sia nel lavoro che nella vita famigliare, con meno stress, conflitti lavoro-famiglia e turnover occupazionale.[291] Queste persone hanno un 'luogo di controllo' della loro vita interno, non esterno. Quando a degli anziani residenti in case di cura è stato dato maggior controllo sulla loro vita, come ad esempio assegnandogli la responsabilità della salute delle proprie piante, il livello della loro felicità è aumentato e la loro mortalità è scesa della metà![292]

Per perseguire la felicità ci si deve esercitare per raggiungerla. La felicità non ti arriva senza uno sforzo organizzato per *crearla* da te stesso.[293] Se vuoi fare meglio in uno sport, ti devi esercitare. Michael Jordan per la pallacanestro, Roger Federer per il tennis, e Lionel Messi per il calcio, sono soltanto alcuni degli esempi più ovvi di impegno completo verso un obiettivo, di eccellenza riguardo al proprio sport. Da quando erano adolescenti hanno passato infinite ore ad esercitarsi.

Mentre la maggior parte di noi non raggiunge il livello di padronanza di atleti famosi, spesso diventiamo esperti in qualcosa che ci piace, come per esempio rammendare vestiti, fare la spesa, guardare la tele, o socializzare su Facebook. Dovremmo concentrare i nostri sforzi anche per diventare esperti in come diventare felici.

La felicità è anche convincersi che ci piace fare quello che dobbiamo fare. Io lo faccio sempre. Esempi a questo riguardo sono lo spazzolare i denti, usare il filo interdentale, andare a lavoro, ecc. "Niente è deprimente a meno che non lo pensi tale, e d'altra parte, niente porta alla felicità a meno che tu non ne sia soddisfatto".[294]

La felicità non è mentire a noi stessi, o chiudere un occhio rispetto alle cose negative. Una persona felice non è stupida. La felicità è adattare la nostra mente così che possiamo escogitare modi di oltrepassare il livello di base di felicità affibbiatoci dal nostro DNA.[295]

Shawn Achor fa il confronto tra il fulcro e la leva. Alcuni di noi hanno il fulcro già in una posizione tale che la nostra leva è lunga e possiamo generare tanta potenza (positività). Altri di noi hanno il fulcro posizionato in un modo per cui la leva è corta e possiamo generare poca potenza (negatività). Per la maggior parte di noi il fulcro è in una posizione media.

Tutti noi, comunque, possiamo cercare di spostare il fulcro in una posizione migliore per ottenere una leva più lunga e quindi più felicità.[296] 'Realtà' è qualsiasi cosa la nostra mente comprenda delle circostanze del mondo. La realtà è basata su ciò che osserviamo e come la "sentiamo", come la interpretiamo. Possiamo cambiare questa prospettiva, su qualsiasi cosa, in qualsiasi momento. Uno spostamento verso un'interpretazione più positiva delle cose può migliorare il nostro benessere.

Considera quanto tempo già dedichi al tuo aspetto fisico, ad esempio andare in palestra, esercitarti o semplicemente comprare i vestiti o il trucco. Se desideri la felicità, dovresti fare uno sforzo extra per le attività che la scienza ha dimostrato aumentare la felicità.

Perciò, in sintesi, non lasciare la felicità al caso. Le persone felici non stanno sedute ad aspettare che la felicità gli arrivi passivamente. Fanno sì che le cose accadino. Perseguono attivamente i loro obiettivi; cercano la compagnia e le interazioni sociali, controllano i loro pensieri e i loro sentimenti guardando al bicchiere mezzo pieno e alle loro opportunità.[297] Sii connesso con il tuo prossimo, con i tuoi clienti e con i tuoi pazienti se lavori nel campo medico. Sii premuroso e compassionevole con loro. I legami sociali sono un indicatore estremamente affidabile della felicità. Relazioni e connessioni umane di tutti i tipi contribuiscono di più a renderci felici di qualsiasi altra cosa. Cerca un mentore. Fai parte di un gruppo. La gente è la cosa più importante.   Fa ciò che ti piace fare, gioca con impegno, sogna alla grande e cerca il significato nella tua vocazione. Sii positivo. Porta con te una candela accesa in modo che la gente non solo possa vederti, ma possa anche seguire te come guida verso salute e felicità. Puoi fare un'enorme differenza in qualsiasi persona con la quale tu venga in contatto.

Esercizi pratici per raggiungere la felicità

Così come sono necessarie 10.000 ore per raggiungere la padronanza nella pallacanestro o nel pianoforte, una pratica ripetuta e continua è necessaria per avere la padronanza nella felicità. Confucio paragonò lo sviluppo morale al suonare la musica, visto che entrambi necessitano di molti anni di pratica.[298] Anche Aristotele usava una metafora simile: "Gli uomini diventano costruttori fabbricando case e arpisti suonando l'arpa. Ugualmente, cresciamo come persone praticando delle giuste azioni,..."[299]

La lista che segue include dei semplici esercizi, o consigli generali, che la scienza ha dimostrato aumentare il livello della felicità.[300] Siamo tutti un po' diversi, quindi dovremmo scegliere tra le seguenti strategie per raggiungere la felicità in base a ciò che ci si adatta meglio. La felicità è un atteggiamento e ha bisogno di essere allenato con grande sforzo e tanta attenzione ai dettagli. Fissatevi degli obiettivi inizialmente piccoli, moderatamente difficili, e raggiungibili.

1. *Leggendo questo libro*, hai dimostrato chiaramente di avere l'atteggiamento corretto, o almeno lo scopo di migliorare il tuo livello di felicità. Esercita ciò che hai sottolineato come pertinente per te in queste pagine. Se non hai sottolineato niente o non hai preso appunti, per favore torna indietro ed estrapola da queste pagine ciò che ti sembra ti si addica meglio, e fallo diventare il tuo esercizio.

2. *Sforzati di essere più positivo* anche nelle interazioni apparentemente futili del quotidiano, della routine. Sorridere produce degli agenti neurochimici che di fatto ci rendono felici. Questo effetto è a volte chiamato 'l'ipotesi specchio facciale', e sembra suggerirci: "Fai finta finchè diventa vero". Cambia la tua espressione facciale in una positiva, e sentirai te stesso un cambiamento emotivo benefico.[301]

   Salutare altre persone in modo positivo non solo ti aiuta, ma aiuta anche gli altri. Quando le persone mi chiedono come va, circa il 95% delle volte rispondo: "Meravigliosamente". Non solo dire così mi ricorda tutto il positivo della mia vita. Ma dà anche un aiuto al mio prossimo affinchè anche lui guardi cosa c'è nel suo bicchiere mezzo pieno. Perciò dì: "Meravigliosamente" quando ti chiedono: "Come stai?" e ti sentirai benissimo, avendo anche migliorato la vita di qualcun altro.

Un atteggiamento positivo è contagioso. Non solo influenziamo positivamente la persona con cui interagiamo direttamente. L'influenza appare estendersi fino a tre livelli di altre persone. E ci sono quasi 1.000 persone che si trovano a tre livelli dalla maggior parte di noi.[302] Come un'unica farfalla che sbattendo le ali una volta può causare un uragano dall'altra parte del mondo, così è per noi. E quell'uragano si chiama felicità!

Questo effetto sugli altri è chiamato a volte 'effetto specchio'. Quando siamo punti da un ago, i neuroni mandano dei messaggi di dolore al cervello. Più tardi quando vediamo qualcun altro ricevere una puntura di ago, gli stessi neuroni s'illuminano in noi. Quando un capo entra in ufficio di cattivo umore, l'umore della maggior parte delle persone in quell'ambiente peggiora.[303]

Quando siamo di buon umore, piacciamo di più alla gente, ed è più facile avere successo nell'amicizia, nell'amore e con i partners. Quando siamo positivi, siamo più creativi, tolleranti, espansivi. Siamo aperti a nuove idee e a nuove esperienze.[304] Studi scientifici hanno dimostrato che un'emozione positiva, come ricevere un sorriso, una caramella, guardare una commedia o un cartone, o ricevere un complimento, ci predispone a fare meglio il prossimo compito che affrontiamo. Più qualcuno è genuinamente sorridente, più l'influenza positiva diffonde felicità agli altri.[305]

Possiamo vedere lo stesso oggetto o la stessa situazione in modo diverso dagli altri. Questo studio lo ha dimostrato. Due commercianti di scarpe furono inviati in Africa per valutare il mercato agli inizi del 1990. Uno mandò questo report: "Situazione disperata. Non indossano scarpe". L'altro scrisse: "Fantastica opportunità! Non hanno ancora scarpe!"[306] Considera che entrambe queste valutazioni sono completamente ipotetiche. Effettivamente abbiamo il potere, in ogni situazione, di selezionare in modo consapevole un punto di vista che ci fa sentire fortunati piuttosto che disperati.

Come sempre usa moderazione ed equilibrio anche in questi casi, dal momento che sforzarsi di essere ottimisti non significa ignorare la realtà.

3. *Sii aperto nell'accettare la spinta positiva che ottieni quando le persone sono positive con te.* Quando la gente dice: "Considerati fortunato!" "Guarda al lato positivo", "Sorridi", " Sii felice", ci sta aiutando. Queste frasi sono importanti per noi, non sono soltanto delle chiacchiere senza senso.[307] Assicurati di ottenere la spinta che dovrebbero fornirti. Più felice è la gente intorno a te e più felice diventerai. In un teatro pieno di gente che ride, riderai di più; questo è anche il motivo per cui i telefilm hanno le risate registrate di sottofondo.[308]

4. *Scrivi ogni giorno tre cose buone che ti sono successe.* Il Professor Martin Seligman dell'Università della Pennsylvania ha dimostrato l'efficacia di questo esercizio con un esperimento scientifico.[309] Il 94% delle persone che, quotidianamente per 15 giorni, scrive frasi come: "Rossana ha chiamato per salutarmi", "Ho letto un capitolo di un libro che il mio terapista mi ha raccomandato", e "Il sole finalmente è uscito fuori oggi", ne deriva relax e una significativa diminuzione della depressione.[310] Quando poi queste esperienze positive tornano in mente, se per esempio le rileggiamo due volte alla settimana, si è più facilmente in grado di trovare una nuova prospettiva ai problemi, e una comprensione più positiva della nostra vita attuale.[311]

5. *Festeggia le buone notizie.* Congratulati con le persone, specie con familiari e amici, per i loro risultati. Non essere timido nel condividere con loro i tuoi piccoli successi. Non esitare ad esserne orgoglioso. Immagina quanto ti renderà felice condividere le tue buone notizie, e goditi il momento in cui otterrai il sorriso di gratificazione e il riconoscimento dei tuoi cari.[312]

6. *Dedica una gran quantità di tempo e di sforzo a coltivare i tuoi rapporti con famiglia e amici.* Investi in relazioni sociali.

7. *Esprimi la tua gratitudine agli altri* – incluso Dio, se ti piace – in modo caloroso, sincero e frequente. Manda dei bigliettini di ringraziamento. Scrivi i nomi delle persone che hanno avuto una grande influenza sulla tua vita personale e anche professionale. Scrivi loro un bel bigliettino; organizza un appuntamento con loro e leggiglielo dandogliene una copia.

8. *Sii utile agli altri.* Tra questi ci sono anche i compagni di lavoro e gli sconosciuti che incontri durante il giorno. Compi atti di gentilezza e di generosità. Gli atti di altruismo, come donare ad amici o a sconosciuti, diminuiscono lo stress e contribuiscono fortemente a migliorare la salute mentale.[313,314] Compiere cinque atti di gentilezza al giorno è associato ad un aumento della felicità, che dura per molti giorni, anche molto tempo dopo la fine dell'esercizio.[315]

Per esempio io faccio sempre entrare ed uscire gli altri prima di me dalla porta e dall'ascensore. Ad alcuni piace pagare il pedaggio in autostrada per la macchina dopo. È stato dimostrato che poi lo sconosciuto che ha usufruito della gentilezza a sua volta compirà atti di gentilezza verso altri. Sii un Buon Samaritano. Fai agli altri ciò che ti piacerebbe fosse fatto a te. Vivi secondo il principio della reciprocità.

9. *Pratica l'ottimismo* quando immagini il tuo futuro. Cerca di vedere il lato positivo in tutti gli eventi. Trova quel che c'è di buono nelle cose. Nota di più ciò che va bene e meno ciò che va male. Credi nella possibilità di realizzare il tuo obiettivo. Ogni obiettivo può essere diverso a seconda delle persone. C'è chi potrebbe essere bravo nel porsi piccoli obiettivi di positività come: "Il mio autobus arriverà in orario oggi". Altri saranno in grado di avere speranze più grandi, come per esempio: "Otterrò il lavoro". Tutto ciò che è necessario per essere un ottimista è avere un obiettivo e lavorare al suo raggiungimento.

Il mondo può essere visto come un posto orribile e crudele, o come un luogo meraviglioso pieno di opportunità. Hai la possibilità di decidere tu come valutarlo. Le persone ottimiste scelgono, di propria volontà, la via della felicità. Non sono utopistiche. Al contrario, la ricerca ha dimostrato che gli ottimisti sono più cauti in caso di rischi e minacce,[316] ma sono anche più consapevoli del fatto che i risultati positivi dipendono dai loro sforzi.

I pensieri ottimistici possono avverarsi da soli. Se crederai sinceramente che puoi realizzare il tuo obiettivo, avrai una più alta possibilità di riuscirci. Le persone ottimiste sono meno propense ad arrendersi, e invece prendono l'iniziativa e sono persistenti nel perseguire il loro scopo.[317] Sono eccitate per ogni momento della vita. Avrai due grandi risultati: più felicità per te, e anche per coloro che ti circondano.

Nelle sconfitte, cerca di focalizzarti su ragioni esterne, piuttosto che su cause interne. Per esempio, è meglio pensare: "Il tempo non era bello perciò poca gente è venuta alla mia bancarella oggi", piuttosto che "Sono una frana nel sistemare bene la bancarella e come commerciante, per questo sto fallendo". Rimani comunque ancorato alla realtà delle cose, e non scusarti sempre.

È certo importante identificare le cause del tuo fallimento nel raggiungere il tuo obiettivo, in modo da essere capace di reinterpretare la situazione. Per i giovani, per esempio, se un ragazzo non risponde subito al tuo messaggio, non significa sempre: "Lui mi odia". Non c'è prova che questa supposizione sia vera. Dobbiamo rifocalizzare il nostro cervello e pensare che è del tutto possibile che: "Lui è troppo impegnato oggi, per questo non ha risposto".[318]

È stato dimostrato che pensare al tuo migliore io possibile migliora l'umore.[319] Scrivere gli obiettivi della tua vita è meglio che semplicemente pensarli. La riflessione strutturata, sistematica che fai sulla carta ti permette di conoscere meglio te stesso, le tue priorità e i tuoi valori più importanti, e di cercare il significato profondo delle tue esperienze di vita.[320] Scrivere spesso chiarisce ciò che è più importante per noi, e ciò che vogliamo e che possiamo raggiungere. William Faulkner, stando a quanto si dice, una volta ha detto: "Non so mai cosa penso di una cosa veramente finchè non leggo ciò che ho scritto a riguardo".[321]

10. *Assapora i piaceri della vita.* Mangiare. Fare la doccia. Scrivere. La dolcezza di un mango maturo. L'aroma di una panetteria. Il calore del sole. Anche camminare verso la metropolitana. Andare al lavoro in bicicletta. Goditi il momento in cui stai lavorando all'obiettivo (ad esempio per me scrivere un libro), e anche il momento in cui hai completato il compito. Condividi queste cose con i tuoi cari. Godi della bellezza e dell'eccellenza che ti circonda. I paesaggi. I suoni. Le esperienze. Si può ricevere un'emozione positiva anche solo da un raggio di sole. Da un concerto. Dal vedere un amico. Sii consapevole della felicità che tutte le cose che ti circondano ti possono donare.

Robert Brault l'ha detto bene: "Goditi le piccole cose, perché un giorno potresti guardarti indietro e renderti conto che erano delle grandi cose".

11.   *Vivi nel momento presente.*

Questo fumetto del New Yorker la dice tutta: a volte non sappiamo godere di ciò che stiamo facendo in quel preciso momento, desiderando sempre di essere altrove, a fare qualche altra cosa. Penso spesso, quando vedo una bella barca, che invidio quelli che ci sono sopra. A volte pero' sono stato su una barca e ho pensato che era bello anche stare a terra e poter giocare a pallone, per esempio. Pensateci su. Non siate sempre invidiosi dell'erba del vicino. Carpe diem.

Durante la vita, come premio pensiamo soprattutto a qualcosa che succederà nel futuro, non nel presente. Per esempio, i genitori dicono ai figli di fare i bravi così da essere poi degli adulti onesti. Le insegnanti incentivano gli studenti a studiare molto in modo da poter entrare nelle migliori università e poi ottenere i migliori lavori dopo la laurea. I capi spingono i loro impiegati a lavorare molto con l'obiettivo di un futuro aumento di salario o di una promozione .

Quando a 65 anni si smette di lavorare pero', sembra che il futuro non ci sia più. I problemi di salute aumentano, e non ci si gode neanche la pensione. Raramente viviamo e godiamo del momento presente. Dovremmo godere di più di ciò che facciamo ora, per ciò che ne vale la pena, per il valore del 'flusso'.

Chiaramente, si può assaporare il *passato* gustando i bei vecchi tempi nel *presente* . Questo è particolarmente vero per gli anziani: è stato dimostrato che più tempo passano a raccontare il loro passato e più alto hanno il morale.[322] Per gente di tutte le età, portarsi dietro e guardare ogni tanto l'album di famiglia e amici fotografati durante dei momenti di allegria può essere associato con piccoli aumenti di felicità.[323] Cerca di focalizzarti sulle esperienze positive del passato, non su quelle negative.

Si può anche assaporare il *futuro* anticipandone gli eventi nel *presente* (ad esempio un viaggio, una visita ai familiari per le feste). In effetti, il non vedere l'ora di fare attività desiderate è associato con ottimismo ed emozioni positive. Questo è un aspetto molto tipico del mio carattere. Mi godo molto nel presente le gioie che prevedo nel mio futuro. Queste sono attività scientificamente associate con la felicità.

Nella maggior parte del tempo, si deve soprattutto vivere nel presente e goderne. Bisogna essere capaci non soltanto di essere nel 'flusso', ma anche di saper assaporarlo appena se ne esce. Tutto questo è associato a diversi benefici, inclusi più fiducia in se stessi, un senso di realizzazione personale, e meno senso di disperazione e nevrosi.[324]

Anche in situazioni di solito associate all'infelicità, come per esempio essere fermi nel traffico, si può trovare del buono e anche del flusso. Si può ascoltare il notiziario alla radio. Si può ascoltare la nostra musica favorita. Si può meditare. Si può parlare con gli amici o la famiglia, che è una delle attività che da più benessere. Si può ascoltare un audiolibro o una conferenza su qualcosa a cui siamo interessati.

12.   *Cerca le attività che ti procurano il flusso.* Queste sono attività impegnative che estendono le tue abilità e la tua competenza. Sono attività da cui puoi ricevere successo e padronanza, per poi ottenere dei premi sia interiori che esteriori. Il flusso è inerentemente piacevole e appagante e ti dà uno sballo naturale.

Identifica queste aree di talento. Poi cerca di trascorrerci più tempo possibile. Focalizza la tua attenzione completamente sul compito che hai sotto mano. Questo può essere la musica o la matematica o il nuoto. Quando migliori in queste attività, aumenti il tuo livello di abilità, giochi con giocatori sempre più forti e affronti problemi più difficili da risolvere. Ci dovrebbe piacere potenziare i nostri obiettivi, godere dell'intensità dello sforzo nel raggiungerli, senza preoccuparci troppo sull'obiettivo finale, che arriverà grazie alla nostra operosità e determinazione.

Sii aperto a nuove esperienze e mantieniti in uno stato di apprendimento permanente. Proprio come fa un bambino. Mentre sei al lavoro cerca di trascorrere più tempo che puoi in sfide stimolanti, in situazioni che richiedono spiccate abilità, e che incoraggiano il flusso.[325]

Le persone che pensano che la felicità arrivi così, da sola, facendo il minimo necessario, scegliendo compiti facili, non ha capito niente. Organizza bene le tue attività per raggiungere la felicità. Mi programmo il giro in bici quando fuori è sereno e fa caldo, che è il momento della giornata che preferisco. Scrivo soprattutto la mattina quando il mio cervello lavora al meglio.

Per evitare di cadere nella routine, cerca di cambiare nel tempo leggermente le tue attività preferite. Ho sempre un nuovo progetto di studio. Un nuovo libro da scrivere. Un percorso leggermente diverso dove andare in bici. Allo stesso tempo però, cerca di sviluppare l'abitudine a fare le attività che tu sai ti rendono felice.

In media, un impiegato viene interrotto ogni undici minuti, che gli causa perdita di concentrazione e di flusso. Ci vogliono almeno otto minuti per riprendere la concentrazione e il flusso.[326] Molti controllano le loro emails cinque volte ogni ora, e l'impiegato medio trascorre centosette minuti al giorno per le emails.[327] Evita queste trappole.

13.   *'Gioca' con le tue forze.* Otterrai maggior felicità usando le tue capacità migliori, i tuoi punti di forza personali. Scegli uno dei tuoi punti di forza (sottoponendoti al test online all'indirizzo www.authentichappiness.com). Poi usalo in un nuovo modo per una settimana e sarai notevolmente più felice e meno depresso rispetto ad altri.[328] Vedi l'Appendice A (pagina 130) per la lista dei nostri possibili punti di forza, e quali sono i miei!

14.   *Credi in te stesso.* Più si crede nella propria capacità di avere successo, più lo si otterrà. Il successo diventa quasi una profezia auto-avverante. I commercialisti che credono sin dall'inizio di poter

realizzare i loro obiettivi, dieci mesi più tardi hanno le migliori prestazioni al lavoro. Credere nelle proprie abilità ha un valore predittivo più alto del livello di formazione.[329]

Quando prima di un esame è stato chiesto a degli afro-americani di rivelare la propria razza, questi hanno avuto una prestazione peggiore nei test standardizzati, rispetto a quando non gli si è chiesto di rivelare di essere di colore. I neri hanno avuto voti peggiori dei bianchi agli esami prima dell'elezione di Barack Obama a Presidente degli Stati Uniti, ma simile ai bianchi, colmando il divario, quando sono stati sottoposti alle stesse verifiche dopo l'elezione.[330] Bisogna credere in se stessi.

Perciò quando devi affrontare un compito difficile, focalizzati su tutte le ragioni che hai per avere successo, sulle tue abilità, sulla tua volontà di fare tutto il necessario per realizzare l'obiettivo, sulle situazioni simili in cui hai fatto bene nel passato. Credi alla tua capacità di migliorare. Studenti della seconda media che credevano nelle loro possibilità di migliorare, paragonati a quelli che pensavano che non ci sarebbero riusciti, hanno migliorato i loro voti in modo significativo una volta arrivati al liceo.[331] Quando crediamo che i nostri sforzi daranno frutti, lavoriamo di più invece di arrenderci.

15. *Migliora il tuo ambiente.* Avere in bella mostra foto dei nostri cari in casa e al lavoro ci dà emozioni positive ogni volta che le guardiamo. Guarda meno TV e specialmente meno violenza: questo ti renderà più felice.[332] Trascorri almeno venti minuti fuori casa quando il tempo è bello: ciò aumenta il tuo buon umore, estende la capacità di pensiero e migliora la memoria.[333]

16. *Fai esercizio fisico come abitudine,* almeno a giorni alterni, se non quotidianamente. Fare moto rilascia sostanze chimiche chiamate endorfine che inducono piacere. L'esercizio migliora la motivazione, aiuta ad entrare nel flusso e ad avere sensazioni di padronanza. In uno studio scientifico, a dei pazienti depressi sono state prescritte o delle medicine antidepressive, o esercizi per 45 minuti tre volte al giorno, oppure tutti e due, per quattro mesi. L'esercizio e il trattamento con medicina hanno avuto pari efficacia!

Inoltre, sei mesi più tardi, durante i quali non fu suggerito nessun intervento, il tasso di ricaduta è stato del 38% nel gruppo sottoposto solo al trattamento con la medicina, del 31% nel gruppo sottoposto a tutti e due e solo del 9% nel gruppo sottoposto solo all'esercizio. Questo studio, come altri, dimostra come l'attività fisica migliori l'umore non solo in modo significativo, ma anche duraturo.[334]

17. *Medita.* I monaci che trascorrono il tempo meditando, accrescono fisicamente in grandezza la loro corteccia cerebrale prefrontale di sinistra (!). Questa è la parte del cervello dove si trova la felicità, quindi più responsabile per la nostra sensazione di benessere.[335] La meditazione inoltre aumenta l'auto-stima, l'empatia, la fiducia e la memoria, abbassa lo stress e migliora il sistema immunitario.[336]

18. *Trova qualcosa che non vedi l'ora di fare.* Spesso, la parte più emozionante di un'attività è l'anticipazione. Le persone che pensano che guarderanno il loro film preferito aumentano il loro livello di endorfine del 27%![337] Per me per esempio, pensare a scrivere un libro o un articolo, giocare con i miei figli, passare del tempo sereno camminando o in macchina a parlare con mia moglie, fare conversazione faccia a faccia con un carissimo amico, sono delle attività che generano delle emozioni positive anche prima che succedano, semplicemente per il pensare che avverranno.

19. *Rimani profondamente impegnato nei tuoi obiettivi e nelle tue ambizioni per tutta la vita.*

20. *Affronta le sfide con equilibrio e forza.* Sviluppa delle strategie per affrontarle. Analizza gli eventi spiacevoli per metterli sotto una luce migliore. Impara a perdonare.

21. *Evita di pensare troppo e di fare paragoni sociali.* Chi vince la medaglia di bronzo è più felice di chi vince la medaglia d'argento. La medaglia di bronzo è felice perché ha fatto meglio di tutti gli altri che non hanno vinto nessuna medaglia, ed è sollevato dal fatto che ha almeno ricevuto una medaglia. La medaglia d'argento è deluso perché era vicino a primeggiare, ad ottenere l'oro, e sente che avrebbe potuto e dovuto fare meglio. Non aspettarsi il massimo è una buona strategia. Non aspettarti di vincere, sarà una bella sorpresa; ma fai tutto quello che puoi per vincere. Prometti un po' meno (a te stesso e agli altri), e realizza di più, stupendoli.

Questi tipi di esercizio sono stati scientificamente dimostrati essere associati con un miglioramento significativo del livello di felicità.[338] Ciascuna di queste attività ci dona una spinta di emozioni positive. Se realizzate come routinarie nel tempo, possono innalzare in modo permanente la nostra linea di base di felicità che, come già detto, può aumentare.

Dal momento che ciascuno di noi ha dei valori, degli interessi, delle forze e delle debolezze che sono tutte un po' diverse, è di grande importanza conoscerle per essere in grado di scegliere il nostro miglior percorso personale per la felicità. Il 'test diagnostico per l'attività di una persona' di Sonja Lyubomirsky, per esempio, ci aiuta a trovare le attività che si adattano meglio a noi. Puoi farlo andando all'indirizzo www.thehowofhappiness.com/wp-content/themes/ thehowofhappiness/Quiz/fit_diagnostic.html

Ho raggiunto il massimo del punteggio per 'pensare nel flusso' e per 'coltivare l'ottimismo'. Queste due caratteristiche mi si addicono perfettamente. Fare questo test mi ha aiutato a conoscermi meglio. È stato dimostrato che questo test può aiutarci ad ottenere una felicità più grande, dal momento che possiamo assegnarci con più sicurezza le attività a noi più adatte.[339] Tutto questo è il γνῶθι σεαυτόν (gnōthi seauton, letteralmente 'conosci te stesso'), un esercizio che è stato suggerito sin dal tempo degli antichi Egizi e Greci.

Esercitati, esercitati, esercitati. Sappiamo tutti che non fa bene fumare, che la maggior parte di noi dovrebbe dormire circa otto ore e che dovremmo mangiare in modo salutare e fare esercizio. La felicità è senso comune, ma è molto più importante convertire in azione ciò che tu sai già. Questa norma di vita è stata lo stessa per millenni ed è stata diffusa in particolare nella cultura attuale dai nostri maggiori filosofi e religiosi.

Aristotele disse che per essere eccellente non possiamo semplicemente pensare o sentirci eccellenti; dobbiamo anche agire in modo eccellente. La virtù per lui è la via della moderazione tra gli estremi dell'eccessivo edonismo (materialismo) verso l'ascetismo. Come disse il mio collega Mike Foley, per essere felice bisogna vivere in armonia, così che le corde dello strumento suonino tutte una bella tonalità, perchè ben accordate.

Il Buddismo sostiene che la felicità si raggiunge mettendo in atto continuamente le virtù pensate dai maestri, con l'esercizio della mente e della volontà. Aristotele coltivava la ragione sulle emozioni, mentre Budda era più ascetico, ma entrambi hanno sostenuto che la pratica delle virtù è necessaria per raggiungere la felicità. Anche la fede cristiana sostiene che la virtù è raggiunta e rafforzata dalla ripetizione di atti buoni e morali, come ha scritto Tommaso D'Aquino.

Perciò sviluppa delle abitudini positive. Ripeti gli esercizi almeno una volta per ventun giorni di seguito.[340] Il nostro cervello cambia davvero in risposta a frequenti esercizi ripetuti a lungo termine. Per esempio chi si sottopone a diete drastiche per perdere peso rapidamente riacquista molto più peso di chi lo perde lentamente cambiando abitudini durante un lungo periodo di tempo.

Non c'è un segreto particolare e unico sulla felicità, così come non c'è una dieta perfetta che possa portare ognuno di noi a raggiungere il suo peso ideale. La cosa più importante è limitare le porzioni e avere un pasto piccolo la sera. Prendo peso quando mangio troppo con porzioni enormi e perché mangio tardi e troppo a cena.

Un altro dato scientificamente dimostrato per formare un abitudine è rendere l'azione voluta più facile da fare. Per esempio, mettere una macchina per fare esercizio davanti alla TV invece di nasconderla in un angolo aumenta la probabilità che ci si alleni. Questo è lo stesso espediente che i supermercati usano su di noi quando mettono gli articoli che vogliono che noi compriamo al livello dei nostri occhi.[341]

Bisogna porre il comportamento desiderato sul percorso con meno resistenza, così che richieda meno sforzo ed energia. Bisogna anche aumentare la difficoltà per l'abitudine che vuoi evitare. Perciò nascondi il cioccolato e metti ovunque intorno a te frutta e verdura. Le merende salutari dovrebbero essere tutte facilmente a portata di mano in casa. Chiudi la posta elettronica. Metti le scarpe da ginnastica fuori vicino la porta.

Per quel che mi riguarda, sono nato felice. Ma crearmi degli impegni continui, fare ciò che mi piace, seguire le sei attività intenzionali più associate con la felicità e sistematicamente guardare al lato positivo degli eventi anche nelle avversità, mi rende ancora più felice.

Una volta che cominci ad essere più felice, le azioni volontarie che abbiamo descritto, che sono state scientificamente dimostrate innalzare il livello della felicità, iniziano un circolo vizioso molto vantaggioso. La gente più felice è naturalmente e spontaneamente più in salute, felicemente sposata, efficiente al lavoro, dotata di senso civico, generosa e tollerante.[342] Tutto questo li porta ad aumentare continuamente il livello di soddisfazione della loro vita.

Alcune persone sfortunatamente finiscono col non piacersi. Non hanno sicurezze. Hanno perso la speranza. Di solito questo succede senza che ce ne sia una buona ragione. È solo che da giovani non hanno avuto un mentore che li ha aiutati a vedere il lato positivo delle cose e ad aiutarli ad identificare ciò che a loro piace fare di più, ciò su cui avrebbero dovuto esercitarsi e concentrarsi di più, ciò su cui perciò avrebbero potuto raggiungere la padronanza e infine dei riconoscimenti. Non hanno avuto abbastanza connessione con una persona cara. Di conseguenza non si sono mai resi conto della qualità che avevano e che quindi li avrebbero resi felici, se si fossero esercitati. Non hanno mai scoperto chi erano veramente. Questo è molto triste.

Una sana relazione con te stesso significa che ti senti soddisfatto per ciò che sei. Interagisci con il mondo esterno in modo naturale, a tuo agio, fiducioso di avere qualcosa da contribuire. Questo non significa essere egoista o narcisista. Significa soltanto che a volte potresti sentirti ansioso, ma in generale non hai paura di interagire positivamente con gli altri in quasi tutte le circostanze. Essere se stessi è una conquista enorme.

Io avverto che molte persone passano tutta vita facendo finta di essere qualcun altro. Un marito forte. Un dittatore al lavoro. Un tiranno con i bambini. Rifiutando di ballare. Evitando le folle. Avendo paura di parlare in pubblico. Forse non sono esattamente così. Ma non hanno mai inparato a liberarsi dal meccanismo di difesa che si sono costruiti quando erano molto giovani. Di solito a meno di dieci anni. Alcuni decidono di difendersi rifugiandosi. Alcuni si difendono andando all'attacco senza pietà.

Ci sono parti di me che vorrei migliorare. Dimentico le cose facilmente, specie quelle a cui non porgo attenzione. Amo più a parole che a fatti, a volte, e potrei essere meno pubblico e più reale nel mio dare affetto. Mi piace ciò che ho realizzato nella mia vita fino al punto che posso sembrare 'troppo' per gli altri: troppi premi, troppe cose che mi sono andate bene, troppa felicità. Avrei potuto mantenere i miei ricci neri invece di diventare calvo. Starei meglio con 5 chili in meno. Ma fondamentalmente mi accetto come sono, incluso le carenze. Cerco di combattere i miei difetti, ma so che non riuscirò a farmi ricrescere i capelli e (probabilmente) non salirò mai più su un surf.

Spero che i miei figli continueranno a maturare diventando adulti a loro agio per quello che sono. Spero che continuino sempre ad impegnarsi per migliorare. Spero che imparino ad usare tutti i loro punti di forza. Spero che accettino chi sono e che realizzino chi vogliono diventare.

Appendice A

I 24 punti di forza elencati in Authentic Happiness (www.authentichappiness.com) di Martin Seligman sono:

- **SAGGEZZA E CONOSCENZA**

○ Curiosità

○ Amore per l'apprendimento

○ Discernimento

○ Ingenuità

○ Intelligenza sociale

○ Prospettiva

- **CORAGGIO**

○ Valore

○ Perseveranza

○ Integrità

- **UMANITÁ E AMORE**

○ Gentilezza

○ Affettuosità

- **GIUSTIZIA**

○ Cittadinanza

○ Equità

○ Leadership

- **TEMPERANZA**

○ Auto-controllo

- Prudenza
- Umiltà

  - TRASCENDENZA

- Gusto del bello
- Gratitudine
- Speranza
- Spiritualità
- Perdono
- Umorismo
- Entusiasmo

La mia "top ten"

- **Il mio primo punto di forza**

Operosità, Diligenza e Perseveranza

Sgobbi per finire ciò che hai iniziato. Non importa quale sia il progetto, lo porti a termine in tempo. Non ti distrai quando lavori e provi grande soddisfazione nel completare il compito.

- **Secondo punto di forza**

Speranza, ottimismo, e percezione del futuro

Ti aspetti il meglio dal futuro, e lavori per ottenerlo. Credi che il futuro sia qualcosa che tu puoi controllare.

- **Terzo punto di forza**

Interesse, Entusiasmo ed Energia

Indipendentemente da ciò che fai, ti ci avvicini con eccitazione ed energia. Non fai niente a metà o a malavoglia. Per te la vita è un'avventura.

- **Quarto punto di forza**

Curiosità ed interesse nel mondo

Sei curioso di tutto. Fai sempre domande e trovi tutte le tematiche affascinanti. Ami l'esplorazione e la scoperta.

- **Quinto punto di forza**

Prospettiva (saggezza)

Anche se non credi di essere saggio, i tuoi amici ti credono tale. Valutano la tua opinione e si rivolgono a te per un consiglio. Hai un modo di guardare al mondo che ha senso per gli altri e per te stesso.

- **Sesto punto di forza**

Capacità di amare e di essere amato

Valuti le relazioni sociali con gli altri, in particolare quelli in cui la stima e l'affetto sono reciproci. Le persone a cui ti senti più legato sono le stesse persone che si sentono più legate a te.

- **Settimo punto di forza**

Obiettività, equità e giustizia

Trattare tutte le persone equamente è uno dei tuoi principi costanti. Non lasci che i tuoi sentimenti personali pregiudichino le decisioni sulle altre persone. Dai a tutti una possibilità.

- **Ottavo punto di forza**

Umorismo e allegria

Ti piace ridere e scherzare. Sorridere agli altri è importante per te. Cerchi di vedere positivo in tutte le situazioni.

- **Nono punto di forza**

Amore per l'apprendimento

Ami imparare cose nuove, sia in classe che da solo. Hai sempre amato la scuola, la lettura, i musei di qualsiasi tipo e ovunque ci sia qualcosa da imparare.

- **Decimo punto di forza**

Giudizio, pensiero critico e apertura mentale

Rifletti sulle cose ed le esamini da tutti i lati possibili. Non ti affretti a trarre conclusioni, ti fidi solo dell'evidenza dei fatti prima di decidere. Sei capace di cambiare idea.

Bibliografia

Introduzione

1. Aristotle. "Nichomachean Ethics", book 1, section 7.

2. Diener, E. Subjective well-being: The science of happiness and a proposal for a national index. American Psychologist. 2000:55;34-43

3. Diener, E., Suh, E.K., Smith H., and Shao, L. National differences in reported well-being: Why do they occur? Social Indicators Research. 1995;34:7-32.

4. Helliwell J, Layard R, Sachs J. World Happiness Report 2013. New York: UN Sustainable Development Solutions Network.p.39.

5. Kahneman D, Thaler RH. Anomalies, utility maximization, and experienced utility. Journal of economic perspectives. 2006;20:221

6. Seligman MEP. (2002) Authentic happiness. New York. Free Press.

7. Achor S. The happiness advantage. 2010. Crown business, Random House, New York.

8. Lyubomirsky, S. The How of happiness. A New approach to getting the life you want. 2007. Penguin Books.

9. Haidt L. The happiness hypothesis. 2006. Basic Books, New York.

10. Hallowell EM. Childhood roots of adult happiness. 2002. Ballantine Books, Random House, New York.

11. Bok D. The politics of happiness. 2010. Princeton University Press.

12. Helliwell J, Layard R, Sachs J. World Happiness Report 2013. New York: UN Sustainable Development Solutions Network.

13. Achor S. The happiness advantage. 2010. Crown business, Random House, New York.p.39.

14. Bok D. The politics of happiness. 2010. Princeton University Press. p.48.

15. Lyubomirsky, S. The How of happiness. A New approach to getting the life you want. 2007. Penguin Books.p.71.

16. Mencius,6A:15 2A:2

Breve storia della ricerca della felicità

17. Chan, Wing-tsit (1963). A Source Book in Chinese Philosophy. Princeton, NJ, US: Princeton University Press. ISBN 0691019649.

18. Buddhist studies for primary and secondary students, Unit Six: The Four Immeasurables". Buddhanet.net. Retrieved 2013-04-26.

19. SUMMA THEOLOGICA: Secunda Secundae Partis". Newadvent.org. Retrieved 2013-04-26.

20. Levine, Marvin (2000). The Positive Psychology of Buddhism and Yoga : Paths to a Mature Happiness. Lawrence Erlbaum. ISBN 0805838333.

21. McMahon DM. Happiness: a history. 2006;p. 200-21

22. Bok D. The politics of happiness. 2010. Princeton University Press.

23. Lyubomirsky, S. The How of happiness. A New approach to getting the life you want. 2007. Penguin Books.

24. Achor S. The happiness advantage. 2010. Crown business, Random House, New York.p.39.

25. Wordnet 3.0 (accessed 2011-Feb-24 via Wolfram Alpha)

26. Fredrickson B. Positivity. 2009. Crown Publishers, New York.

27. Lyubomirsky, S. The How of happiness. A New approach to getting the life you want. 2007. Penguin Books.p.32.

La felicità può essere misurata

28. Helliwell J, Layard R, Sachs J. World Happiness Report 2013. New York: UN Sustainable Development Solutions   Network.p.5. http://www.oecd.org/statistics/Guidelines%20on%20Measuring%20Subjective%20Well-being.pdf)

29. Helliwell J, Layard R, Sachs J. World Happiness Report 2013. New York: UN Sustainable Development Solutions Network.

30. Gallup World Poll (GWP), see http://www.gallup.com/poll/122453/understanding-gallup-uses-cantril-scale.aspx (reviewed 10/31/2013)

31. Used in the World Values Survey, the Europena Social Survey, and many other national and international surveys.

32. Helliwell J, Layard R, Sachs J. World Happiness Report 2013. New York: UN Sustainable Development Solutions Network.p.3.

33. Lyubomirsky S, Lepper HS. A measure of subjective happiness: preliminary reliability and construct validation. Social indicators research 1999;46:137-55. http://sonjalyubomirsky.com/subjective-happiness-scale-shs/

34. Dunn E, Aknin LB, Norton MI. Spending money on others promotes happiness. Science 2008;319:1687-8.

35. Bok D. The politics of happiness. 2010. Princeton University Press. p.32-38.

36. Sandvick E, Diener E, Seidlitz L. Subjective well-being: the convergence and stability of self-report and non-self report measures. Journal of Personality 1993;61:317.

37. Keltner D, Harker LA. Expression of positive emotion in women's college yearbook pictures and their relationship to personality and life outcomes across adulthood. Journal of Personality and Social Psychology 2001;80:112.

38. Lyubomirsky S, Knight L, Diener E. The benefits of frequent positive affect: does happiness lead to success? Psychological Bulletin 2005;131:803.

39. Helliwell J, Layard R, Sachs J. World Happiness Report 2013. New York: UN Sustainable Development Solutions Network.p.139.

40. Helliwell J, Layard R, Sachs J. World Happiness Report 2013. New York: UN Sustainable Development Solutions Network.p.139-151.

41. Helliwell J, Layard R, Sachs J. World Happiness Report 2013. New York: UN Sustainable Development Solutions Network.p.4.

Che cosa determina la felicità?

42. Lyubomirsky S, Sheldon KM, Schkade D. Pursuing happiness: the architecture of sustainable change. Review of General Psychology. 2005;9:111-31.

43. Lyubomirsky, S. The How of happiness. A New approach to getting the life you want. 2007. Penguin Books.

44. Lykken D, tellegen A. Happiness is a stochastic phenomenon. Psychological Science 1996;7:186-9.

45. Caspi Sugden K, Moffitt TE, Taylor A, Craig IW, Harrington HL, et al. Influence of life stress on depression: moderation by a polymorphism in the 5-HTT gene. Science 2003;301:386-9.

46. Taylor SE, Way BM, Welch WT, et al. Early family development, current adversity, the serotonin transporter promoter polymorphism, and depressive symptomatology. Biological Psychiatry 2006;60:671-6.

47. Tomarken AJ, Davidson RJ, Wheeler RE, Doss RC. Individual differences in anterior brain asymmetry and fundamenta dimensions of emotion. Journal of Personality and Social Psychology 1992;62:676-87.

48. Urry HL, Nitschke JB, Dolski I, et al. Making a life worth living: neural correlates of well-being. Psychological Science 2004;15:367-72.

49. Stallone DD, Stunkard AJ. The regulation of body weight: evidence and clinical implications. Annals of behavioral medicine. 1991;13:220-30.

50. Lyubomirsky, S. The How of happiness. A New approach to getting the life you want. 2007. Penguin Books.p.40.

51. Diener E, Suh EM, Lucas RE, Smith HL. Subjective well-being: three decades of progress. Psychological Bulletin. 1999;125: 276-302.

52. Lyubomirsky, S. The How of happiness. A New approach to getting the life you want. 2007. Penguin Books.p.41.

53. Maslow A. Motivation and personalty. 170. 2nd edition. Harper and Row.

54. Lyubomirsky, S. The How of happiness. A New approach to getting the life you want. 2007. Penguin Books.p.318.

55. Biswas-Diener R, Diener E. Making the best of a bad situation: satisfaction in the slums of Calcutta. Social Indicators Research 2001;55:329-52.

56. Shakespeare W. Hamlet, II.ii.249-0. In G Blakemore (Ed), The Riverside Shakespeare, 1974. Houghton Mifflin, Boston.

Il tuo atteggiamento

57. Foley MR. Ancient wisdom for life fulfillment. 2010. Chaos Publishing Co., Paradise Valley, AZ.

58. Ricard, M. (2007). Happiness: A guide to developing life's most important skill. New York: Little, Brown and Company.p.19.

59. Diener E, Sandvik E, Pavor W. Happiness is the frequency, not the intensity, of positive versus negative affect. In Strack F, Argyle M, Scwartz N. Subjective well-being: An interdispiplinary prospective. 1991. Elmsford, NY: Pergamon.

Le sei attività intenzionali che creano felicità

60. Seligman MEP. (2002) Authentic happiness. New York. Free Press.

61. Denier E, Biswas-Diener R. Happiness: unlocking the mysteries of psychological wealth. 2008;p.47-67.

62. Valliant G. Yes, I stand by my words, "Happiness equals love – full stop." Positive Psychology News daily, in http://positivepsychologynews.com/news/george-valient/200907163163.

63. Diener E, Seligman M. Very happy people. Psychological Science 2002;13:81-4.

64. Haidt L. The happiness hypothesis. 2006. Basic Books, New York.

65. Helliwell JF, Putnam RD. The social context of well-being, in: Huppert FA, Baylis N, Keverne B. The science of well-being. 2007;p.435.

66. Spiegel D, et al. Effect of psychosocial treatment on survival of patients with metastatic breast cancer. The Lancet 1989;2:888-91.

67. Wing RR, Jeffery RW. Benefits of recruiting participants with friends and increasing social support for weight loss and maintenance. Journal of consulting and clinical psychology 1999;67:132-8.

68. Thompson C. Are you friends making you fat? New York Times, September 10, 2009.

69. Totterdell P. Catching moods and hitting runs: mood linkage and subjective performance in professional sport teams. Journal of Applied Psychology 2000;85:848-59.

70. Holahan CK, Sear RR. The gifted group in later maturity. Stanford University Press, Palo Alto, CA.

71. Campion MA, Papper EM, Medsker GJ. Relations between work team characteristics and effectiveness: a replication and extension. Personnel Psychology 1996;49:429-52.

72. Heaphy E, Dutton JE. Positive social interactions and the human body at work: linking organizations and physiology. Academy of Management review 2008;33:137-62.

73. Buckingham M, Coffman C. First, break all the rules. 1999. Simon and Schuster, New York.

74. Wagner N, Feldman G, Hussy T. The effect of ambulatory blood pressure on working under favorably and unfavorably perceived supervisors. Occupational Environmental Medicine 2003;60:468-74.

75. Foley MR. Ancient wisdom for life fulfillment. 2010. Chaos Publishing Co., Paradise Valley, AZ.

76. Foley MR. Ancient wisdom for life fulfillment. 2010. Chaos Publishing Co., Paradise Valley, AZ.

77. Achor S. The happiness advantage. 2010. Crown business, Random House, New York.p.177.

78. Cacioppo JT. Loneliness: human nature and the need for social connections. WW Norton and Co., New York

79. Disraeli B. Lothair. Cambridge, UK, 2000.p.206.

80. Cantor N, Sanderson CA. Life task participation and well-being: The importance of taking part in daily life. In Kahnemann et al. 1999, p.230-43.

81. Wolfe WB. How to be happy through human. 2001. London: Routledge.

82. Lyubomirsky, S. The How of happiness. A New approach to getting the life you want. 2007. Penguin Books.p.205.

83. Brunstein JC. Personal goals and subjective well-being: a longitudinal study. Journal of Personal and Social Psychology 1993;65:1061-70.

84. Aristotle, Nichomachean Ethics, bk. 1, 1094a.

85. Sheldon KM. When personal goals correctly represent the person. In: Deci EL, Ryan RM. Handbook of self-determination theory. 2002. Rochester, NY: University of Rochester Press.

86. Lyubomirsky, S. The How of happiness. A New approach to getting the life you want. 2007. Penguin Books.p.210.

87. Elliot AJ, Sheldon KM. Avoidance personal goals and the personality-illness relationship. Journal of Personality and Social Psychology 1998;75:1282-99.

88. Norcross JC, Mrykalo MS, Blagys MD. Auld Lang Syne: Success predictors, change processes, and self-reported outcomes of New Year's resolvers and nonresolvers. Journal of Clinical Psychology 2002;58:397-405.

89. Lepper MR, Greene D, Nisbett RE. Undermining children's intrinsic interest with extrinsic reward: a test of the 'overjustification' hypothesis. Journal of personality and Social Psychology 1973;28:129-37.

90. Wrzesniewski A., McCauley C, Rozin P, Scwartz B. Jobs, careers, and callings: people's relations to their work. Journal of Research in Personality;1997:31:21-3.

91. Seligman MEP. (2002) Authentic happiness. New York. Free Press. p.168

92. Reader's Digest, June 2013, p.105.

93. Wrzesniewski A., Rozin, Bennett. 2003.

94. Achor S. The happiness advantage. 2010. Crown business, Random House, New York.p.80.

95. Haidt J. The happiness hypothesis. 2006. Basic Books, New York.

96. Seligman MEP. (2002) Authentic happiness. New York. Free Press. p.177

97. Eaton WW, Anthony J, Mandel W, Garrision R. Occupations and the prevalence of major depressive disorder. Journal of Occupational Medicine 1990;32:1079-87.

98. Haidt J. The happiness hypothesis. 2006. Basic Books, New York.p.219.

99. Leo Tolstoy, quoted in Troyat, 1967, 158.

100. Seligman MEP. (2002) Authentic happiness. New York. Free Press.

101. Gladwell M. Outliers. 2008. Little, Brown and Company, New York.

102. Seligman MEP. (2002) Authentic happiness. New York. Free Press. p.93

103. Seligman MEP. Learned optimism. 1991. Knopf, New York.p.152-3.

104. Shakespeare. Troilus and Cressida, I.ii.287.

105. Seligman MEP. (2002) Authentic happiness. New York. Free Press.

Altre attività intenzionali associate con la felicità

106. Bok D. The politics of happiness. 2010. Princeton University Press.

107. Seligman MEP. (2002) Authentic happiness. New York. Free Press.

108. Harker and Keltner, 2001.

109. Stutzer A, Frey BS. Does marriage make people happy or do happy people get married? Journal of Socio-Economics 2006;35:326.

110. Myers DG. Close relationships and the quality of life, in Kahleman D, Diener E, Schwartz N. Well-being: the foundation of hedonic psychology 1999;p.374, 380.

111. Inglehart R. Culture shift in advanced industrial society. 1990. Princeton, NJ: Princeton University Press.

112. De Paulo BM, Morris WL. Singles in society and in science. Psychological inquiry.2005;16:57-83.

113. Myer D. The American paradox. 2000. New Haven, CT: Yale University Press.

114. Myer D. The American paradox. 2000. New Haven, CT: Yale University Press.

115. Frey BS. Happiness: a revolution in economics. 2008.

116. Lucas RE, Clark AE. Do people really adapt to marriage? Journal of Happiness Studies 2006;7:405.

117. Lyubomirsky, S. The How of happiness. A New approach to getting the life you want. 2007. Penguin Books.p.65.

118. Lucas RE. Time does not heal all wounds: a longitudinal study of reaction and adaptation to divorce. Psychological science 2005;16:945.

119. Lucas RE. Time does not heal all wounds: a longitudinal study of reaction and adaptation to divorce. Psychological science 2005;16:945.

120. Horn WF. Marriage, family, and the welfare of children: a call for action, in: Maynihan DP. Smeeding TM, Rainwater L. The future of the family, 2004,p.185.

121. Myer D. The American paradox. 2000. New Haven, CT: Yale University Press.

122. Tait M, Padgett MY, Baldwin TT. Job and life satisfaction: a reevaluation of the strength of the relationship and gender effects as a function of the date of the study. Journal of Applied Psychology 1989;74:502.

123. Rain JS, Lane IM, Steiner DD. A current look at the job satisfaction / life satisfaction relationship: re view and future considerations. Human Relations 1991;44:287.

124. Helliwell JF, Huang H. How's the job? Well-being and social capital in the workplace. National Bureau of Economic Research, Working Paper No. 11759. 2005.

125. Helliwell JF, Huang H, Putman RP. Are trust and social capital neglected workplace investments? (unpublished paper, 2008, reported in: Bok D. The politics of happiness. 2010. Princeton University Press. p.218.

126. Judge TA, Watanabe S. Another look at the job satisfaction-lifge stasfaction relationship. Journal of Applied Psychology 1993;78:939.

127. Wrzesniewski A., McCauley C, Rozin P, Scwartz B. Jobs, careers, and callings: people's relations to their work. Journal of Research in Personality;1997:31:21-3.

128. Bok D. The politics of happiness. 2010. Princeton University Press. p.29.

129. Lyubomirsky, S. The How of happiness. A New approach to getting the life you want. 2007. Penguin Books. P.188

130. DeWitte H. Job insecurity and well-being: review of the literature and explanation of some unresolved issues. European Journal of Work and Organizational Psychology 1999;8:155.

131. Bok D. The politics of happiness. 2010. Princeton University Press. p.114.

132. Nettles D. Happiness: the science behind your smile. 2005;p.111.

133. Lucas RE, Clark AE, Georgellis Y, Diener E. Unemployment alters the set point of life satisfaction. Psychological Science 2004;15:18.

134. National Opinion Research Center survey, quoted by Elisabeth Warren, Unsafe at any rate. Democracy Journal, summer 2007, p.11.

135. Layard R. Happiness: lessons from a new science. 2005. P.64.

136. Bok D. The politics of happiness. 2010. Princeton University Press. p.21.

137. Brickman P, Coates D, Janoff-Buhlman R. Lottery winners and accident victims: is happiness relative? Journal of Personality and Social Psychology 1978;2:917.

138. Lyubomirsky, S. The How of happiness. A New approach to getting the life you want. 2007. Penguin Books.p.51.

139. Riis J, Loewenstein G, Baron J, Jepson C, fagerlin A, Ubel PA. Ignorance of edonic adaptation to hemodyalisis: a study using ecological momentary assessment. Journal of Experimental Psychology: General 2005;134:3-9.

140. Ratey JJ, Hagerman E. Spark: the revolutionary new science of exercise and the brain, 2008.

141. Kahneman D, Riis J. Living and thinking about it: two perspectives on life, in Huppert FA, Baylis N, Keverne B. The science of well-being. 2007;p285,295.

142. Frey BS, Stutzer A. Happiness research: state and prospects. Review of Social Economy 2005;62:207, 213.

143. Dunn EW, Aknin LB, Norton MI. Spending money on others. Science 2008;319:1687.

144. Thoits PA, Hewitt LN. Volunteer work and well-being. Journal of Health ans Social behavior 2001;42:115.

145. Carnegie A. Gospel of Wealth.

146. Haidt J. The happiness hypothesis. Basic Books, New York.

147. Harlow and Zimmerman, 1959.

148. Bible. Paul, Letter to the Romans, 5:3-4.

149. Haidt J. The happiness hypothesis. Basic Books, New York.

150. Pennbaker J. Opening up.1997.

151. Layard R. Happiness: lessons from a new science. 2005. P.64.

152. Myers DG. The pursuit of happiness: discovering the pathway to fulfillment, well-being, and enduring personal joy. 1992;p.183.

153. Ferris AL. Religion and the quality of life. Journal of Happiness Studies 2002;3:199.

154. Inglehart R. Democracy and happiness: what causes what? Paper presented at Notre Dame conference on New directions in the study of happiness, October 2006.

155. Inglehart R, Foa R, Peterson C, Welzel C. Development, freedom, and rising happiness: a global perspective (1981-2007). Perspectives on Psychological Science 2008;3:264.

156. Inglehart R, Foa R, Peterson C, Welzel C. Development, freedom, and rising happiness: a global perspective (1981-2007). Perspectives on Psychological Science 2008;3:271.

157. Helliwell J, Layard R, Sachs J. World Happiness Report 2013. New York: UN Sustainable Development Solutions Network.p.22.

158. Helliwell J, Layard R, Sachs J. World Happiness Report 2013. New York: UN Sustainable Development Solutions Network.p.9.

159. Helliwell J, Layard R, Sachs J. World Happiness Report 2013. New York: UN Sustainable Development Solutions Network.p.81.

160. Helliwell J, Layard R, Sachs J. World Happiness Report 2013. New York: UN Sustainable Development Solutions Network.p.82.

161. Bok D. The politics of happiness. 2010. Princeton University Press. p.78.

162. Helliwell J, Layard R, Sachs J. World Happiness Report 2013. New York: UN Sustainable Development Solutions Network.p.16.

163. Alesina A, Angeletos GM. Fairness and redistribution. American Economic Review 2005;95:960,965.

164. Bok D. The politics of happiness. 2010. Princeton University Press.

165. Helliwell J, Layard R, Sachs J. World Happiness Report 2013. New York: UN Sustainable Development Solutions Network.p.24.

166. Helliwell J, Layard R, Sachs J. World Happiness Report 2013. New York: UN Sustainable Development Solutions Network.p.102.

Fattori con un impatto modesto sulla felicità

167. DiTella R, MacCulloch RJ, Oswald AJ. The macroeconomics of happiness. Review of economics and statistics. 2003;85:809.

168. Alesina A, Glaeser EL. Fighting poverty in the US and Europe: a world of difference. 2004,p.184.

169. Alesina A, Glaeser EL. Fighting poverty in the US and Europe: a world of difference. 2004,p.184.

170. Bok D. The politics of happiness. 2010. Princeton University Press, p.81.

171. Easterling RA. Does economic growth improve the human lot? Some empirical evidence, in David PA, Reder MW. Nations and households in economic growth: essays in honor of Moses Abramowitz. 1974;p. 89.

172. Easterling RA. Feeding the illusion of happiness: a reply to Hagerty and Veehoven. Social indicators research. 2005;p. 74.

173. Diener E, Suh EM, Kucas RE, Smith HL. Subjective well-being: three decades of progress. 1999;125:276 and 292.

174. Easterling RA. Feeding the illusion of happiness: a reply to Hagerty and Veehoven. Social indicators research. 2005; p. 74.

175. Di Tella R, MacCulloch R. Happiness adaptation to income beyond basic needs. Draft paper for Princeton Conference on International Differences in Well-Being. 2008;p.7.

176. Schor JB. The overspent American: why we want what we do not need. 1998;p.15.

177. Luttmer EFP. Neighbors as negatives: relative earnings and well-being. Quarterly Journal of Economics 2005;121:963.

178. Haidt J. The Happiness hypothesis. 2006. Basic Books, New York.

179. Time magazine, July 8-15, 2013, p. 30, based on studies in the Journal of Positive Psychology.

180. Denier E, Biswas-Diener R. Happiness: unlocking the mysteries of psychological wealth. 2008;p73.

181. Bok D. The politics of happiness. 2010. Princeton University Press.

182. Bok D. The politics of happiness. 2010. Princeton University Press.

183. Kasser T, Kanner AD. Psychology of consumer culture: the struggle for a good life in a materialistic world. 2004.

184. Nickerson C, Schwartz N, Diener E, Kahneman. Zeroing in on the dark side of the American dream. Psychological science 2003;14:535.

185. Nickerson C, Schwartz N, Diener E, Kahneman. Zeroing in on the dark side of the American dream. Psychological science 2003;14:531-6.

186. Kahneman D, Krueger AB, Schkade D, Schwatrz N, Stone AA. Would you be happier if you were richer? A focusing illusion. Science 2006;312:1908-10.

187. Cohen P, Cohen J. Life values and adolescent mental health. Mahwah, NJ: Erlbaum, 1996.

188. Harwood Group. Yearning for balance: views of Americans on consumption, materialism, and the environment. 1995, www.iisd.ca/consume.harwood.html.

189. Oishi S, Diener E, Lucas E. The optimal level of well-being: can people be too happy? Perspectives on Psychological Science 2007;2:346.

190. Kasser T, Kanner AD. Psychology of consumer culture: the struggle for a good life in a materialistic world. 2004.

191. Ross CE, Van Willigen M. Education and the subjective quality of life. Journal of Health and Social Behavior 1997;38:275.

192. Nomaguchi K, Milkie MA. Costs and rewards of children: the effects of becoming a parent on adults' lives. Journal of Marriage and the Family 2003;65:356.

193. Somers MD. A comparison of voluntarily child-free adults and parents. Journal of Marriage and the Family 1993;55:643.

194. Bok D. The politics of happiness. 2010. Princeton University Press, p.19.

195. Lehman DR, Wortman CB, Williams AF. Long term effects of losing a spouse or child in a motor vehicle crash. Journal of Personality and Social Psychology 1987;52:218.

Fattori non associati alla felicità

196. Argyle M. The psychology of happiness. 2001;p.105, 125.

197. Frederick S, Loewenstein G. Hedonic adaptation. In Kahneman D, Diener E, Schwartz N (eds). Well-being: the foundations of hedonic psychology. New York: Russell Sage. 1999;p.353-75.

198. Donovan N, Halpern D. Life satisfaction: the state of knowledge and implications of government 2002;p.5,25.

199. Robinson JP, Godbey G. Time for life: the surprising ways Americans use their time. 1997;p.242.

200. Lyubomirsky, S. The How of happiness. A New approach to getting the life you want. 2007. Penguin Books. P.187

201. Bok D. The politics of happiness. 2010. Princeton University Press, p.206.

202. Foley MR. Ancient wisdom for life fulfillment. 2010. Chaos Publishing Co., Paradise Valley, AZ.

203. Time magazine, July 8-15, 2013, p. 31, based on studies in several sources.

204. Diener E, Wolsic B, Fujita E. Physical attractiveness and subjective well-being. Journal of Personality and Social Psychology 1995;69:120-29.

205. Meyer B, Enstrom MK, Harstveit M, Bowles DP, Beevers CG. Happiness and despair on the catwalk: need satisfaction, well-being, and personality adjustment among fashion models. Journal of Positive Psychology 2007;2:2-17.

206. Argyle M. Causes and correlates of happiness. In Kahneman D, Diener E, Schwartz N (eds). Well-being: the foundations of hedonic psychology. New York: Russell Sage. 1999;p.353-75.

207. Stevenson B, Wolfers J. The paradox of declining female happiness. American Economic Journal: Economic Policy. 2011.

208. Diener E, Suh ME. Subjective well-being and age: an international analysis. Annual Review of Gerontology and Geriatrics 1997;p.304.

209. Yang Y. Social inequalities in happiness in the United States, 1972-2004: an age-period cohort analysis 2008;73:204-20.

210. Mroczek DK, Spiro A. Change in life satisfaction during adulthood: findings from the Veteran Affairs Normative Aging Study. Journal of Personality and Socila Psychology 2005;88:189-202.

211. Langer E. Counterclockwise: mindful health and the power of possibility. 2009. Ballantine: New York.

212. Haslam SA, Salvatore J, Kessler T, reicher SD. How stereotyping yourself contributes to your success (or failure). Scientific American Mind, March 4, 2008.

213. Brickman P, Coates D, Janoff-Bulman R. Lottery winners and accident victims: is happiness relative? Journal of Personality and Social Psychology 1978;36:917-27.

Fattori associati con l'infelicità

214. Frank, 1999.

215. Koslowsky and Kluger, 1995.

216. Bok D. The politics of happiness. 2010. Princeton University Press. p.29.

217. Frederick and Loewenstein, 1999.

218. Yang Y. Social inequalities in happiness in the United States, 1972-2004: an age-period cohort analysis 2008;73:218-20.

Le radici infantile della felicità adulta

219. Hallowell EM. Childhood roots of adult happiness. 2002. Ballantine Books, Random House, New York.

220. Haidt J. The happiness hypothesis. 2006. Basic Books, New York.

221. Fitzgerald, 1988.

222. Mihaly Csikszentmihalyi. Finding Flow: The Psychology of Engagement with Everyday Life. 1998. Mastermind Series.

223. Ken Robinson and Lou Aronica. Finding Your Element: How to Discover Your Talents and Passions and Transform Your Life. 2003.

224. Gardner, Csikszentmihalyi, Damon. 2001.

225. Brickman P, Coates D, Janoff-Bulman R. Lottery winners and accident victims: is happiness relative? Journal of Personality and Social Psychology 1978;36:917-27.

226. Linley PA, Joseph S. Positive change following trauma and adversity: a review. Journal of Traumatic Stress 2004;17:11-21.

227. Deci EL. Why we do what we do. 1996. Penguin, New York.

228. Losada M, Heaphy E. The role of positivity and connectivity in the performance of business teams: a nonlinear dynamics model. American Behavioral Scientist 2004;47:740-65.

229. Haidt J. The happiness hypothesis. 2006. Basic Books, New York

Come essere genitore di ragazzi felici

230. Hallowell EM. Childhood roots of adult happiness. 2002. Ballantine Books, Random House, New York.

231. Russek LG, Schwartz GE. Perceptions of parental caring predict health status in mid-life: a 35-year follow-up of the Harvard Masery of Stress study. Psychosomatic Medicine 1997;59:144.

232. Seligman MEP. (2002) Authentic happiness. New York. Free Press. p.11.

233. Global Ethic Foundation. (2009). Global economic ethic — Consequences for global businesses. Retrieved from http://www.globaleconomicethic.org/

234. Kaplan KA. College faces mental health crisis. The Harvard Crisom, January 12, 2004.

235. Hallowell EM. Childhood roots of adult happiness. 2002. Ballantine Books, Random House, New York.

236. Achor S. The happiness advantage. 2010. Crown business, Random House, New York.p.13.

237. Achor S. The happiness advantage. 2010. Crown business, Random House, New York.p.13.

238. Rosenthal R, Jacobson L. Pygmalion in the classroom: teacher expectation and pupils' intellectual development. 1968. Holt, Rinehart and Wiston, New York.

Benefici della felicità

239. Lyubomirsky, S., King, L., and Diener, E. The benefits of frequent positive affect: Does happiness lead to success? Psychological Bulletin. 2005;131:803-55.

240. Helliwell J, Layard R, Sachs J. World Happiness Report 2013. New York: UN Sustainable Development Solutions Network.p.56-7.

241. Lyubomirsky, S., King, L., and Diener, E. The benefits of frequent positive affect: Does happiness lead to success? Psychological Bulletin. 2005;131:803-55.

242. Seligman MEP. (2002) Authentic happiness. New York. Free Press. p.43

243. Achor S. The happiness advantage. 2010. Crown business, Random House, New York.

244. Achor S. The happiness advantage. 2010. Crown business, Random House, New York.p.15.

245. Achor S. The happiness advantage. 2010. Crown business, Random House, New York.p.44.

246. Bryan T, Bryan J. Positive mood and math performance. Journal of Learning Disabilities 1991;24:490-4.

247. Kopelman S, Rosette AS, Thompson L. The three faces of Eve: strategic displays of positive, negative, and neutral emotions in negotiations. Organizational Behavior and Human Decision Processes 2006;99:81-101.

248. Greenberg MH, Arakawa D. Optimistic managers and their influence on productivity and employee engagement in a technology organization. As cited by: Robinson J. The business benefits of a positive leader. Gallup Management Journal, May 10, 2007.

249. Felps, W., Mitchell, T. R., & Byington, E. (2006). How, when, and why bad apples spoil the barrel: Negative group members and dysfunctional groups. Research in Organizational Behavior: An Annual Review Series of Analytic Essays and Critical Reviews, 27, 175-222.

250. Diener, E., & Seligman, M. E. P. (2002). Very happy people. Psychological Science, 13, 81-84.

251. Harker L, Keltner D. Expression of positive emotions in women's college yearbook pictures and their relationship to personality and life outcomes across adulthood. Journal of Personality and Social Psychology. 2001; 80:112-24.

252. Johnson, K. J., & Fredrickson, B. L. (2005). "We all look the same to me:" Positive emotions eliminate the own-race bias in face recognition. Psychological Science, 16, 875-881.

253. Carnevale, P. J. (2008). Positive effect and decision frame in negotiation. Group Decision and Negotiation, 17, 51-63.

254. Guven, C. (2012). Reversing the question: Does happiness affect consumption and savings behavior? Journal of Economic Psychology, 33(4), 701-717.

255. Aknin, L. B., Barrington-Leigh, C. P., Dunn, E. W., Helliwell, J. F., Biswas-Diener, R., Kemeza, I., Nyende, P., Ashton-James, C. E., & Norton, M. I. (2013). Prosocial spending and wellbeing:

256. Cross-cultural evidence for a psychological universal. Journal of Personality and Social Psychology, 104, 635-652.

257. Oishi, S., Diener, E., & Lucas, R. (2007). The optimum level of well-being: Can people be too happy? Perspectives on Psychological Science, 2, 346–360.

258. Ifcher, J., & Zarghamee, H. (2011a). Happiness and time preference: The effect of positive affect in a random assignment experiment. American Economic Review, 101(7), 3109-3129.

259. Aspinwall, L. G. (1998). Rethinking the role of positive affect in self-regulation. Motivation and Emotion, 22, 1-32.

260. Gallup-Healthways Well-Being Index. June 18, 2008, in Associated Press.

261. Peterson, S. J., Luthans, F., Avolio, B. J., Walumbwa, F. O., & Zhang, Z. (2011). Psychological capital and employee performance: A latent growth modeling approach. Personnel Psychology, 64, 427-450.

262. Achor S. The happiness advantage. 2010. Crown business, Random House, New York.p.37.

263. Lyobomirsky S, King L, Diener E. The benefits of frequent positive affect: does happiness lead to success? Psychological Bulletin 2005;131:803-855.

264. Krause, Annabelle (2012). Don't worry, be happy? Happiness and reemployment. Discussion Paper Series, Forschungsinstitut zur Zukunft der Arbeit, No. 7107.

265. Denier E, Nickelson C, Lucas RE, Sandvik E. Dispositional affect and job outcomes. Social Indicators Research. 2002;59:229-59.

266. Staw B, Sutton R, Pelled L. Employee positive emotion and favorable outcomes at the workplace. Organizational Science 1994;5:51-71.

267. Diener, E., Nickerson, C., Lucas, R. E., & Sandvik, E. (2002). Dispositional affect and job outcomes. Social Indicators... Research, 59, 229-259.

268. De Neve, J.-E., & Oswald, A. J. (2012). Estimating the influence of life satisfaction and positive affect on later income using sibling fixed effects. PNAS: Proceedings of the National Academy of Sciences, 109(49), 19953-19958.

269. Gallagher W. Rapt. 2009. Penguin, New York. p.36.

270. Ong, A. D. Pathways linking positive emotion and health in later life. Current Directions in Psychological Science 2010;19:358-362.

271. Davidson, K. W., Mostofsky, E., & Whang, W. (2010). Don't worry, be happy: Positive affect and reduced 10-year incident coronary heart disease: The Canadian Nova Scotia health survey. European Heart Journal, 31, 1065-1070.

272. Boehm, J. K., & Kubzansky, L. D. (2012). The heart's content: The association between positive psychological well-being and cardiovascular health. Psychological Bulletin, 138, 655-691.

273. Cohen S, Doyle WJ, Turner RB, Alper CM, Skoner DP. Emotional style and susceptibility to the common cold. Psycosomatic Medicine 2003;65:652-7.

274. Appleton, A. A. Buka, S. L., McCormick, M. C., Koenen, K. C., Loucks, E. B., Gilman, S. E., & Kubzansky, L. D. Emotional functioning at age 7 years is associated with C-reactive protein in middle adulthood. Psychosomatic Medicine 2011; 73: 295-303.

275. Fredrickson BL. The role of positive emotions in positive psychology: the broaden-and-built theory of positive emotions. American Psychologist 2001;56:218-26.

276. Pettay, R. S. (2008). Health behaviors and life satisfaction in college students. Doctoral Dissertation, Kansas State University.

277. Goudie, R., Mukherjee, S., De Neve, J.-E., Oswald, A. J., & Wu, S. (forthcoming). Happiness as a driver of risk-avoiding behavior: A conceptual framework with an application to seatbelt wearing and automobile accidents. Economica.

278. Bray, I., & Gunnell, D. (2006). Suicide rates, life satisfaction and happiness as markers for population mental health. Social Psychiatry and Psychiatric Epidemiology, 41, 333-337.

279. Rasmussen, H. N., Scheier, M. F., & Greenhouse, J. B. (2009). Optimism and physical health: A review. Annals of Behavioral Medicine, 37, 239-256.

280. Fredrickson, B. L., & Levenson, R. W. (1998). Positive emotions speed recovery from the cardiovascular sequelae of negative emotions. Cognition and Emotion, 12, 191-220.

281. Danner, D. D., Snowdon, D. A., & Friesen, W. V. (2001). Positive emotions in early life and longevity: Findings from the nun study. Journal of Personality and Social Psychology, 80, 804-813.

282. Seligman MEP. (2002) Authentic happiness. New York. Free Press. p.4.

283. Chida, Y., & Steptoe, A. (2008). Positive psychological wellbeing and mortality: A quantitative review of prospective observational studies. Psychosomatic Medicine, 70, 741-756.

284. Epel, E. S., Blackburn, E. H., Liu, J., Dhabhar, F. S., Adler, N. E., Morrow, J. D., & Cawthon, R. M. (2004). Accelerated telomere shortening in response to life stress. PNAS: Proceedings of the National Academy of Sciences, 101(49), 17323–17324.

285. Achor S. The happiness advantage. 2010. Crown business, Random House, New York.p.17.

La tua felicità dipende da te

286. Buddha. Dhammapada, verse 1, in Mascaro, 1973.

287. Achor S. The happiness advantage. 2010. Crown business, Random House, New York.p.71.

288. Crum AJ, Langer EJ. Mindset matters: exercise and the placebo effect. Psychological Science 2007;18:165-71.

289. Fredrickson, B. L., Grewen, K. M., Coffey, K. A., Algoe, S. B., Firestine, A. M., Arevalo, J. M. G., . . . Cole, S. W. (2013). A functional genomic perspective on human well-being. PNAS: Proceedings of the National Academy of Sciences, doi:10.1073/pnas.1305419110.

290. Hallowell EM. Childhood roots of adult happiness. 2002. Ballantine Books, Random House, New York.p.69.

291. Sparr JL, Sonnetag S. Feedback environment and well-being at work: the mediating role of personal control and feelings of helplessness. European Journal of Work and Organizational Psychology 2008;17:388-412.

292. Rodin J, Langer EJ. Long-term effects of a control-relevant intervention with the institutionalized aged. Journal of Personality and Social Psychology 1977;35:897-902.

293. Lyubomirsky, S. The How of happiness. A New approach to getting the life you want. 2007. Penguin Books.

294. Boethius, 1962/c. 522 CE, 29.

295. Achor S. The happiness advantage. 2010. Crown business, Random House, New York.p.63.

296. Achor S. The happiness advantage. 2010. Crown business, Random House, New York.p.64-5.

297. Lyubomirsky, S. The How of happiness. A New approach to getting the life you want. 2007. Penguin Books.p.64.

Esercizi pratici per raggiungere la felicità

298. Hansen, 1991.

299. Aristotle, 1962/4th cent. BCE, 1003b.

300. Lyubomirsky, S. The How of happiness. A New approach to getting the life you want. 2007. Penguin Books.

301. Zajonk RB, Murphy ST, Inglehart M. Feeling and facial efference: implications for the vascular theory of emotion. Psychological Review 1898;96:395-416.

302. Christakis NA, Fowler J. Connected. 2009. Little, Brown, and Co., New York.

303. Iacoboni M. Mirroring people. 2008. Picador, New York.

304. Seligman MEP. (2002) Authentic happiness. New York. Free Press. p.35

305. Friedman H, Riggio R. Effect of individual differences in nonverbal expressiveness on transmission of emotion. Journal of Nonverbal Behavior 1981;6:96-104.

306. Achor S. The happiness advantage. 2010. Crown business, Random House, New York.p.118.

307. Lyubomirsky, S. The How of happiness. A New approach to getting the life you want. 2007. Penguin Books.

308. Achor S. The happiness advantage. 2010. Crown business, Random House, New York.p.206.

309. Seligman MEP. (2002) Authentic happiness. New York. Free Press

310. Seligman MEP. (2002) Authentic happiness. New York. Free Press

311. Bryant F, Veroff J. Savoring: A new model of Positive Experience. 2006. Mahwah, NJ: Erlbaum.

312. Bryant F, Veroff J. Savoring: A new model of Positive Experience. 2006. Mahwah, NJ: Erlbaum.

313. Post SG. Altruism, happiness, and health: it's good to be good. International Journal of Behavioral Medicine 2005;12:66-77.

314. Scwartz et al. Altruistic social interest behaviors are associated with better mental health. Psychosomatic Medicine 2003;65:778-85.

315. Lyubomirsky, S. The How of happiness. A New approach to getting the life you want. 2007. Penguin Books.

316. Aspinwall LG, Brunhart SM. Distinguishing optimism from denial: optimistic beliefs predict attention to health threats. Personality and Social Psychology Bulletin 1996;22:993-1003.

317. Segerstrom SC. Optimism, goal conflict, and stressor-related immune change. Journal of Behavioral Medicine 2001;24:437-59.

318. Lyubomirsky, S. The How of happiness. A New approach to getting the life you want. 2007. Penguin Books.p.109.

319. Sheldon KM, Lyubomirsky S. How to increase and sustain positive emotions: the effects of expressing gratitude and visualizing best possible selves. Journal of Positive Psychology 2006;1:73-82.

320. Pennebaker JW, Graybeal A. patterns of natural language use: disclosure, personality, and social integration. Current Directions in Psychological Science 2001;10:90-3.

321. Lyubomirsky, S. The How of happiness. A New approach to getting the life you want. 2007. Penguin Books.p.108.

322. Havighurst RJ, Glasser R. An exploratory study of reminiscing. Psychology and Aging;2003;18:430-2.

323. Lyubomirsky, S. The How of happiness. A New approach to getting the life you want. 2007. Penguin Books.p.200.

324. Bryant F, Veroff J. Savoring: A new model of Positive Experience. 2006. Mahwah, NJ: Erlbaum.

325. Lyubomirsky, S. The How of happiness. A New approach to getting the life you want. 2007. Penguin Books.p185.

326. Thompson C. Meet the life hackers. New York Times, October 16, 2005, citing a study performed at UC-Irvine.

327. Leyden J. One in five US firms has sacked workers for email abuse. In www.theregister.co.uk, on June 23, 2003.

328. Seligman MEP, Steen TA, Park N, Peterson C. Positive psychological progress: empirical validation of interventions. American psychologist 2005;60:410-21.

329. Saks AM. Longitudinal field investigation of the moderating and mediating effcts of self-efficacy on the relationship between training and newcomer adjustment. Journal of Applied Psychology 1995;80:211-25.

330. Dillon S. Study sees an Obama effect as lifting black test-takers. New York Times, January 22, 2009.

331. Blackwell LS, Trzesnieswki KH, Dweck CS. Implicit theories of intelligence predict achievement across adolescent transition: a longitudinal study and an intervention. Child Development 2007;78:246-63.

332. Achor S. The happiness advantage. 2010. Crown business, Random House, New York.p.53.

333. Keller MC, Fredrickson BL, et al. A warm heart and a clear head: the contingent effects of mood and weather on cognition. Psychological Science 2005;16:724-31.

334. Babyak M, Blumenthal J, Herman S, et al. Exercise treatment for major depression: maintenance of therapeutic effect at 10 months. Psychological Medicine 2000;62:633-8.

335. Lutz A, Greischar LL, Rawlings NB, Ricard M, Davidson RJ. Long-term meditators self-induce high-amplitude gamma synchrony during mental practice. Proc Natl Acad Sci U S A. 2004 Nov 16;101(46):16369-73.

336. Shapiro SL, Scwartz GER, Santerre C. meditation and positive psychology. 2005. In Snyder CR, Lopez SJ. Handbook of positive psychology. Oxford University Press, New York. p.632-45.

337. Just the expectation of a mirthful laughter experience boosts endorphins 27 percent. American Physiological Society, at wwww.physorg.com/news63293074.html.

338. Lyubomirsky, S. The How of happiness. A New approach to getting the life you want. 2007. Penguin Books.

339. Lyubomirsky S, Sheldon KM, Schkade D. Pursuing happiness: the architecture of sustainable change. Review of General Psychology. 2005;9:111-31.

340. Maxwell Maltz. Psycho-cybernetics. 1979.

341. Thaler RH, Sunstein C. Nudge: improving decisions about health, wealth, and happiness. 2008. Penguin, New York.

342. Lyubomirsky, S., King, L., and Diener, E. The benefits of frequent positive affect: Does happiness lead to success? Psychological Bulletin. 2005;131:803.

Ringraziamenti

Gabriele Saccone, Pierluigi Santangelo, Idahlynn Karre e Jason Baxter

www.ingramcontent.com/pod-product-compliance
Lightning Source LLC
LaVergne TN
LVHW011333080426
835513LV00006B/317